GESTÃO PÚBLICA
Contemporânea

GESTÃO PÚBLICA
Contemporânea

Professor Paulo Vicente Alves, DSc
Fellow Strategic Planning Society (SPS-UK)

ALTA BOOKS
EDITORA
Rio de Janeiro, 2015

Gestão Pública Contemporânea
Copyright © 2015 da Starlin Alta Editora e Consultoria Eireli. ISBN: 978-85-7608-920-9

Todos os direitos estão reservados e protegidos por Lei. Nenhuma parte deste livro, sem autorização prévia por escrito da editora, poderá ser reproduzida ou transmitida. A violação dos Direitos Autorais é crime estabelecido na Lei nº 9.610/98 e com punição de acordo com o artigo 184 do Código Penal.

A editora não se responsabiliza pelo conteúdo da obra, formulada exclusivamente pelo(s) autor(es).

Marcas Registradas: Todos os termos mencionados e reconhecidos como Marca Registrada e/ou Comercial são de responsabilidade de seus proprietários. A editora informa não estar associada a nenhum produto e/ou fornecedor apresentado no livro.

Impresso no Brasil — 1ª Edição, 2015 — Edição revisada conforme o Acordo Ortográfico da Língua Portuguesa de 2008.

Produção Editorial Editora Alta Books **Gerência Editorial** Anderson Vieira **Produtor Editorial** Thiê Alves	**Supervisão Editorial (Controle de Qualidade)** Sergio de Souza **Supervisão Editorial (Gráfica)** Angel Cabeza	**Design Editorial** Aurélio Corrêa **Marketing Editorial** Hannah Carriello marketing@altabooks.com.br	**Gerência de Captação e Contratação de Obras** J. A. Rugeri Marco Pace autoria@altabooks.com.br	**Vendas Atacado e Varejo** Daniele Fonseca Viviane Paiva comercial@altabooks.com.br **Ouvidoria** ouvidoria@altabooks.com.br
Equipe Editorial	Carolina Giannini Christian Danniel Claudia Braga	Jessica Carvalho Juliana de Oliveira Letícia de Souza	Milena Lepsch Silas Amaro	
Revisão Gramatical Iara Zanardo	**Diagramação & layout** Lucia Quaresma	**Capas** Aurélio Corrêa		

Erratas e arquivos de apoio: No site da editora relatamos, com a devida correção, qualquer erro encontrado em nossos livros, bem como disponibilizamos arquivos de apoio se aplicável a obra em questão.

Acesse o site www.altabooks.com.br e procure pelo título do livro desejado para ter acesso às erratas, aos arquivos de apoio e/ou a outros conteúdos aplicáveis à obra.

Suporte Técnico: A obra é comercializada na forma em que está, sem direito a suporte técnico ou orientação pessoal/exclusiva ao leitor.

Dados Internacionais de Catalogação na Publicação (CIP)

A474g   Alves, Paulo Vicente.
           Gestão pública contemporânea / Paulo Vicente Alves. – Rio de Janeiro, RJ : Alta Books, 2015.
           224 p. : il. ; 24 cm.

           Inclui bibliografia e índice.
           ISBN 978-85-7608-920-9

           1. Administração pública. 2. Políticas públicas. 3. Democracia. 4. Burocracia. 5. Estado - Reforma. 6. Administração pública - Brasil. I. Título.

                                                       CDU 351
                                                       CDD 351

Índice para catálogo sistemático:
1. Administração pública   351

(Bibliotecária responsável: Sabrina Leal Araujo – CRB 10/1507)

Rua Viúva Claudio, 291 – Bairro Industrial do Jacaré
CEP: 20970-031 – Rio de Janeiro – Tels.: (21) 3278-8069/8419
www.altabooks.com.br – e-mail: altabooks@altabooks.com.br
www.facebook.com/altabooks – www.twitter.com/alta_books

SUMÁRIO

INTRODUÇÃO		IX
Capítulo 1:	FUNDAMENTOS	1
1.1.	**PRINCÍPIOS FUNDAMENTAIS**	**4**
	1.1.1. Comportamento Humano	5
	1.1.2. Resposta a Estímulos	11
	1.1.3. Interesses	13
	1.1.4. Coopetição	15
1.2.	**FUNÇÕES DO ESTADO**	**19**
1.3.	**INTERVENÇÃO E LIBERDADE**	**24**
1.4.	**POLÍTICAS PÚBLICAS E A POLÍTICA**	**34**
1.5.	**BUROCRACIA E DEMOCRACIA**	**43**
1.6.	**A PROFISSÃO DE GESTOR**	**46**
Capítulo 2:	EVOLUÇÃO DO ESTADO	55
2.1.	**PRIMEIRA GERAÇÃO — A ORIGEM DO ESTADO**	**61**
2.2.	**SEGUNDA GERAÇÃO — O ESTADO CLÁSSICO**	**64**
2.3.	**TERCEIRA GERAÇÃO — O SISTEMA GLOBAL DE TROCAS**	**67**
	2.3.1. Ciclos Hegemônicos	68
	2.3.2. O Período de Transição — Séculos X a XV	71

2.4.	**O ESTADO COLONIAL (1492-1618)**	**76**
2.5.	**O ESTADO MERCANTIL (1618-1785)**	**78**
2.6.	**O ESTADO MODERNO**	**80**
	2.6.1. Ciclos de Kondratieff e a Revolução Industrial	81
	2.6.2. A República Moderna (1770-1820)	82
	2.6.3. O Estado Nacionalista (1820-1870)	84
	2.6.4. O Estado Burocrático ou Profissional (1870-1930)	85
	2.6.5. O Estado Industrialista ou do Bem-estar Social (1930-1980)	88
	2.6.6. O Estado Reformado	90
2.7.	**O ESTADO EM COEVOLUÇÃO**	**92**

Capítulo 3: DESAFIOS CONTEMPORÂNEOS DO ESTADO — **95**

3.1.	**SISTEMAS GERENCIAIS**	**97**
3.2.	**OS DESAFIOS DO ESTADO**	**104**
	3.2.1. A Crise Potencial da Década de 2020	104
	3.2.2. A Nova Revolução Tecnológica	107
	3.2.3. Redução dos Gargalos de Crescimento	108
	3.2.4. Universalização dos Serviços Públicos de Qualidade	109
	3.2.5. Equilíbrio dos Objetivos de Curto e Longo Prazos	110
	3.2.6. Melhoria da Governança Pública	110
3.3.	**SISTEMAS E A REFORMA DO ESTADO**	**111**
3.4.	**PONTOS CRÍTICOS PARA A REFORMA**	**111**
	3.4.1. Custos de Controle	112
	3.4.2. Planejamento, Indicadores e Orçamentos	114
	3.4.3. Gestão da Cadeia de Suprimento	119
	3.4.4. Custo Total de Propriedade	121
	3.4.5. Gestão por Competências	123
	3.4.6. Regulação	126

SUMÁRIO

3.4.7.	Gestão de Projetos	127
3.4.8.	Parcerias Público-Privadas (PPP)	131
3.4.9.	Inovação	134

3.5. OS CUSTOS DA REFORMA E DA NÃO REFORMA — **138**

Capítulo 4: UMA AGENDA PARA O BRASIL — 141

4.1. O CONTEXTO BRASILEIRO — **143**

4.2. GARGALOS AO CRESCIMENTO — **150**

4.2.1.	Protecionismo Excessivo	151
4.2.2.	Falta de Infraestrutura Viária	153
4.2.3.	Falta de Energia	154
4.2.4.	Sistema Legal e Tributário Complexos	155
4.2.5.	Educação	156
4.2.6.	Pesquisa e Desenvolvimento	157
4.2.7.	Defesa e Segurança Pública	159

4.3. UMA AGENDA PROPOSITIVA — **160**

4.3.1.	Educação	161
4.3.2.	Energia	165

Capítulo 5: O FUTURO DO ESTADO — 171

5.1. UM SÉCULO EM QUATRO ATOS — **173**

Ato 1 — A Crise da Década de 2020	174
Ato 2 — A Revolução Tecnológica da Década de 2040	176
Ato 3 — As Guerras das Décadas de 2070 e 2080	178
Ato 4 — A Nova Hegemonia e Revolução dos Anos 2090	179

5.2. UM ESTUDO DE CENÁRIOS PARA O FUTURO DO ESTADO — **181**

Cenário A — Estado Pós-escassez	182
Cenário B — Estado Catalisador	183
Cenário C — Estado Eco-ditatorial	184
Cenário D — Estado Policial	185
5.2.1. Trilhas de Migração	186

Capítulo 6: CONCLUSÃO   189

6.1. PONTOS-CHAVES   191

6.1.1. O Estado É um Ser em Coevolução   191

6.1.2. Novos Desafios nos Aguardam no Futuro   192

6.1.3. Busque a Sinergia entre o Público
e o Privado   192

6.1.4. Problemas Diferentes Requerem
Soluções Diferentes   193

REFERÊNCIAS BIBLIOGRÁFICAS   195

ÍNDICE   203

INTRODUÇÃO

Este livro foi idealizado durante os cursos que ministro na FDC na área pública, tanto Fronteiras da Gestão Pública quanto alguns cursos intitulados de Gestão Pública Contemporânea. Ao montar as bibliografias para esses cursos, os gerentes sempre me perguntavam se existia um livro bom sobre Gestão Pública para adicionar a elas.

O fato é que a literatura de Administração Pública é muito focada na parte legal e pouco em gestão. Claro que isso vem do fato das normatizações e padronizações na administração pública terem se iniciado com a legislação, mas também é fato que existe mais do que isso em termos de Administração Pública.

Assim sendo, este livro foi montado pensando em seis públicos distintos, mas que necessitam de um livro que lhes dê uma base conceitual sobre Gestão Pública e que também sirva de referência para o futuro. Estes públicos são:

a. Alunos de graduação em cursos sobre Gestão Pública;

b. Alunos de cursos de preparação para concursos públicos;

c. Alunos de pós-graduação em Gestão Pública;

d. Funcionários públicos recém-concursados;

e. Funcionários públicos recém-indicados para cargos comissionados;

f. Funcionários públicos no meio da carreira, com pouco ou nenhum treinamento formal de Gestão Pública.

No caso dos alunos (casos *a*, *b* e *c*), é fácil entender por qual razão eles precisam de um livro que lhes dê a base conceitual e um arcabouço de raciocínio sobre a Gestão Pública. Porém, nos demais casos, a justificativa é um pouco mais complexa.

No caso de novos funcionários (casos *d* e *e*), em geral, ao assumir um cargo se tem muita experiência nos temas técnicos de um concurso, ou na parte técnica do cargo para o qual se foi comissionado, ou então se tem uma forte conexão política, que justificou a indicação para um cargo comissionado. No entanto, raramente se tem conhecimento de Gestão Pública propriamente dita.

No caso de funcionários no meio para o final da carreira (caso *f*), usualmente a carreira começou com uma carga de necessidade de conhecimento técnico, mas ao longo da vida profissional se foi migrando para cargos cada vez mais gerenciais, para os quais se teve pouco ou nenhum treinamento específico.

O fato é que o conhecimento gerencial é diferente do conhecimento técnico na maior parte dos cargos públicos, o que é um fenômeno comum também na administração privada. Imagine a carreira de um professor, por exemplo, que inicia tendo de conhecer não só pedagogia, mas também o tema sobre o qual leciona, porém eventualmente, ao ser promovido para um cargo gerencial, ele se encontra em um campo para o qual nunca se preparou e cujos conhecimentos e habilidades nunca desenvolveu.

Se ele porventura sobreviver a essa passagem, poderá ter uma nova mudança para um cargo de direção mais à frente na carreira, para se transformar em um estrategista e novamente enfrentar a necessidade de desenvolver novos conhecimentos e habilidades.

Essa necessidade de transformação constante desde a preparação para a entrada na vida pública até atingir um cargo estratégico tem criado o desafio de uma constante readaptação para os funcionários públicos de alta performance.

Dessa forma, este livro precisava abranger uma gama grande de conhecimentos específicos sobre Gestão Pública e indicar temas de gestão geral que precisam ser aprendidos pelo gestor público em outras fontes como subsídio para sua atividade.

Assim sendo, o livro foi organizado na lógica "de onde viemos, onde estamos, para onde vamos". Minha modesta opinião é que o Estado contemporâneo é um produto inacabado e em transformação, que só pode ser entendido quando observado por uma lógica de longo prazo, no qual ele é fruto da coevolução dentre outros Estados ao longo de milhares de anos, mas particularmente nos últimos cinco séculos, desde as grandes navegações e o surgimento do Estado-Nação.

O Capítulo 1 trata dos fundamentos da Administração Pública. Partimos da natureza humana que precede o Estado e da qual ele é fruto. Depois, seguimos para descrever e discutir quais são as funções do Estado sob diversos pontos de vista, tanto políticos quanto funcionais, e a contradição entre a intervenção do Estado e a liberdade do indivíduo. Em seguida, descrevemos e classificamos as políticas públicas e sua relação com a tomada de decisão em um ambiente político. Passamos, então, a descrever e analisar o dilema central da burocracia e da democracia e suas diversas implicações. Finalmente, passamos a um estudo da profissão de gestor público em sua especificidade.

No Capítulo 2, fazemos uma análise histórica do Estado. Nossa espécie existiu por dezenas de milhares de anos sem um Estado, e "apenas" nos últimos nove mil anos surgiu essa instituição. Depois veio o mercado, há cerca de cinco mil anos. Essas instituições, isto é, sociedade civil, Estado e mercado, vêm coevoluindo entre si desde então em um processo análogo ao da evolução biológica. Os "organismos" vêm sendo selecionados por sua aptidão para se adaptarem e isso explica por qual razão Estados nascem, crescem, entram em decadência e desaparecem. Ao longo do capítulo, fazemos uma revisão histórica que nos permitirá entender como o Estado contemporâneo surgiu aos poucos e foi se tornando cada vez mais complexo. Isso também retirará a visão míope de que existe um Estado ideal, ou que a reforma do Estado é puramente uma agenda política, mostrando que a coevolução para formas cada vez mais complexas é um imperativo de sobrevivência do Estado.

No Capítulo 3, fazemos uma análise dos problemas atuais dos Estados no mundo inteiro, e em particular no Brasil, e também vemos quais os pontos críticos que uma reforma do Estado precisa resolver. A análise começa com uma visão organizacional baseada na teoria dos sistemas e no desenvolvimento gradual das organizações até chegar à lista de tópicos relevantes.

Dentro do Capítulo 4, fazemos uma análise particular da situação brasileira atual e com algumas projeções e tendências. No final do capítulo, montamos uma agenda propositiva com algumas sugestões para os futuros gestores públicos. Tal agenda se concentra em dois pontos que considero fundamentais, a educação e a energia.

No Capítulo 5, fazemos uma análise dos possíveis rumos futuros do Estado em todo o mundo utilizando uma combinação de técnica de cenários e projeção através da teoria dos ciclos de hegemonia e Kondratieff. Em vez de prever um único futuro determinístico para o Estado, pensamos nele como um ser que se adapta ao ambiente (o Leviatã) e cujo futuro depende do desenrolar dos eventos.

Nossas considerações finais nesta introdução se referem ao tom educativo do livro, que busca educar o leitor sobre diversos assuntos, expondo-o aos temas debatidos e aos diversos pontos de vista, em vez de buscar um tom autoritário e ideológico. Isso se faz necessário por dois motivos.

O primeiro é que a função deste autor não é a de doutrinar, e nem diferenciar o "certo" do "errado", mas sim a de educar o leitor, isto é, libertar seu raciocínio para entender diversos pontos de vista e saber quando escolher qual deles.

O segundo é que as posições políticas mudam com o tempo, de acordo com a necessidade de uma sociedade. Assim sendo, estabelecer uma posição como "a melhor" seria uma tolice em um espaço de tempo longo. O fundamental é dar ao leitor a capacidade de raciocinar sozinho e perceber os pontos positivos e negativos de soluções diversas.

Educar para o futuro requer libertar a capacidade de pensar sozinho, pois não sabemos quais serão os problemas que enfrentaremos no futuro e, portanto, se não sabemos nem a pergunta, não faz sentido doutrinar que uma resposta é a "certa".

Por essa razão, em muitos momentos, o leitor verá este autor defendendo diversos pontos de vista politicamente antagônicos, em uma tentativa de ser neutro politicamente, embora, é claro, tenha suas preferências pessoais, como qualquer ser humano.

CAPÍTULO 1
FUNDAMENTOS

A Gestão Pública tem princípios fundamentais que abordaremos neste capítulo. Ela estuda o Leviatã, como foi descrito por Hobbes (1988), ou seja, um animal feito de outros animais, no caso, da espécie *Homo sapiens*.

Nesse sentido, precisamos entender que a base da profissão de gestor público é lidar com esses seres específicos e não só prever seu comportamento, mas também o induzir através de sistemas de incentivos. Seres humanos não são "bons" ou "maus", são seres egoístas que vivem "presos em uma esquizofrenia" entre as vantagens de cooperar e as vantagens de competir.

A partir desse ponto de partida do bloco fundamental, vamos analisar as funções do Estado desde sua origem defensiva até a complexidade moderna. Isso nos levará à contradição entre a intervenção do Estado e a preservação da liberdade individual. Dessa forma, teremos de abordar opiniões diversas sobre qual é o limite do Estado e até onde ele pode ir. Isso terá de ser feito levando em conta pontos de vistas diferentes e, em muitos casos, antagônicos.

Daí partiremos para discutir as diversas políticas públicas existentes e como elas se encaixam em um governo. O ponto central dessa parte é a conexão dessas políticas públicas com a política e as dificuldades da tomada de decisão no ambiente político.

Isso nos levará a dilemas dos objetivos de longo prazo contra os de curto prazo. Os objetivos de longo prazo são guardados pela burocracia que representa o Estado e os de curto prazo são defendidos pelos representantes eleitos através do sistema democrático. Essa contradição que também existe nas organizações privadas é central na Administração Pública e tema de estudo desde o início do século XX, quando a burocracia moderna foi institucionalizada.

Por fim, isso nos leva ao gestor público como profissão e suas particularidades em termos de conhecimento, habilidades e atitudes, atividades e competências. Essa análise busca esclarecer o que existe de ciência, de ofício e da arte na profissão.

1.1. PRINCÍPIOS FUNDAMENTAIS

Thomas Hobbes descreveu o Estado como um ser feito de outros seres, ou um superser que ele chamou de Leviatã. Tal ser é composto por uma série de seres humanos que se organizam em outros seres menores, tais como associações, religiões, clubes, empresas, sindicatos e partidos políticos. Cada um desses seres é uma organização, e o conjunto dessas organizações e indivíduos forma o Estado.

A moderna teoria administrativa, ou teoria da contingência, analisa as organizações como sendo seres que, coexistindo com outros seres similares, coevoluem uns com os outros. Essa é uma evolução da teoria dos sistemas, que via as organizações como sistemas abertos, mas não era capaz de explicar como eles surgiram, apenas os descrevia como eram.

Uma vez entendido que as organizações precisavam mudar no tempo rapidamente, se fez a ponte com a teoria da evolução da biologia, e Hobbes acabou se mostrando mais correto do que uma simples metáfora.

Isso nos leva à necessidade de entender duas partes importantes. A primeira é o constituinte central de todas as organizações, que é o ser humano, e a segunda é a forma pela qual organizações e, em particular, o Estado evoluíram nos últimos milhares de anos, principalmente nos últimos quinhentos anos, desde o surgimento do Estado-Nação.

1.1.1. Comportamento Humano

Seres humanos têm três tipos de comportamentos: um patamar universal comum a todos os seres humanos do planeta, um patamar cultural comum a todos os indivíduos de uma mesma cultura, e o patamar individual, ou do livre arbítrio, que é particular para cada ser humano. Tais patamares são mostrados esquematicamente na Figura 1, em forma de pirâmide.

Os níveis de comportamento humano

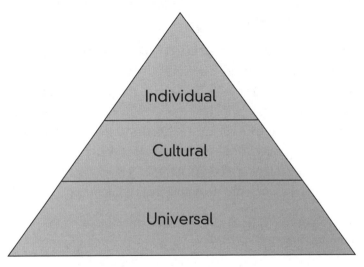

FIGURA 1

O patamar mais básico é o universal e é estudado em parte pela Biologia e em parte pela Antropologia. Seres humanos modernos são da espécie *Homo sapiens* e têm uma fisiologia comum nos últimos 50 mil anos. Somos descendentes de caçadores-coletores de porte mediano e reprodução sexuada. Isso implica em diversas características comuns a todos os seres humanos. Como a caça é uma atividade arriscada e que precisa de coordenação, seres humanos são hierarquizados, gregários e buscam liderança e divisão de tarefas.

Existe uma contradição central forte no comportamento humano universal, o da vantagem em cooperar para a caça e coleta e da necessidade de competir para a reprodução, uma vez que ela é sexuada. Disso surge um híbrido chamado de coopetição que está presente em todas as sociedades humanas, desde as mais primitivas até as mais avançadas, nos últimos 50 mil anos, e muito provavelmente antes disso. Essa coopetição gera um poderoso mecanismo de evolução dentro de grupos humanos onde os indivíduos forçam uns aos outros a evoluírem.

O fenômeno da coopetição se apresenta em diversos níveis. No item 1.1.4, detalharemos esse fenômeno que é central para a administração tanto pública quanto privada.

A necessidade humana de estabelecer hierarquias, dominância e lideranças advém de sua natureza caçadora e, portanto, é também universal. Liderança é uma atividade que pode ser exercida por qualquer membro do grupo em caso de necessidade, mas que geralmente é exercida por aquele que estabelece a dominância. Em sociedades primitivas, tal dominância surge por características físicas. Porém, em sociedades mais complexas, as capacidades de organização e coordenação são mais valorizadas, e são elas que levam ao estabelecimento de dominância e liderança.

Um outro ponto é que os seres humanos evoluíram em tribos de 50 a 500 indivíduos, em regiões hostis nas quais os laços familiares, de caça e de amizade eram muito importantes. Atualmente, a vida humana se dá em sua maioria em aglomerados urbanos de 500 mil a 5 milhões de indivíduos, a maioria dos quais não tem nenhuma relação ou laço. Isso gera uma tensão no indivíduo, que precisa se "retribalizar", criando "tribos artificiais" nas organizações em que trabalha, nas comunidades em que mora, nos clubes dos quais faz parte ou nas atividades de lazer que pratica. A busca humana para reconciliar a vida na cidade com a natureza tribal leva à busca de elos em comum com outros indivíduos. Os laços de trabalho se assemelham em muito aos laços dos grupos de caça, incluindo a necessidade de estabelecer a hierarquia através de itens chamados de posicionais (ou de status), que demonstram a capacidade de prover de um indivíduo.

Não é uma coincidência que a maior parte das organizações humanas tenham de 50 a 500 indivíduos, pois a evolução nos selecionou para operar melhor nessa faixa de tamanho do grupo. Quando uma organização ultrapassa esse tamanho, ela geralmente é reorganizada em unidades de negócios ou subunidades que tenham esse tamanho ideal.

Finalmente, uma das vantagens humanas na evolução é a capacidade de estabelecer relações cognitivas de causa e efeito e, com isso, poder prever o funcionamento do universo à sua volta. Isso tem como consequência a necessidade humana de criar relações de causalidade mesmo onde elas não existem, e com isso surgem as mitologias. Seres humanos são chamados pelos antropólogos de "criadores de mitos". Existem muitos mitos contemporâneos sendo criados, tais como marcas, personagens, ideologias e ídolos. As mitologias criam uma realidade na qual os seres humanos passam a crer, e nesse sentido elas se tornam reais. Isso nos leva ao próximo patamar.

O segundo patamar é o cultural. Uma vez que o planeta Terra é vasto, diversos grupos humanos se separaram e desenvolveram-se isoladamente, gerando culturas diferentes. Com o tempo, o crescimento da população, e a própria competição entre os grupos sociais, levou alguns grupos a estabelecerem culturas mais relevantes do que outras em termos de quantidade de indivíduos que as partilham. Não é possível hierarquizar culturas em termos de "melhor" ou "pior", mas é possível classificá-las em termos de tipologia e atribuir-lhes importância em termos de tamanho populacional e região geográfica que abrangem.

Embora antropólogos e sociólogos discutam sobre qual a melhor forma de classificar as diversas culturas, quase todos concordam sobre a existência de quatro grupos mais relevantes de culturas humanas: ocidental, oriental, hindu e árabe. Essa classificação não é de forma alguma a única, e também não é necessariamente a melhor, mas é um bom arcabouço para começar a entender o fenômeno

A cultura ocidental é a mais forte no sentido comercial e é baseada no "contrato". Embora suas origens remontem até a Grécia antiga, foi a partir das cidades-estado italianas da idade média, e da Holanda da renascença, que a cultura ocidental definiu seus traços comercias mais relevantes hoje em dia. A lógica aqui é de que existem instituições comerciais, jurídicas e governamentais isentas que são capazes de forçar um indivíduo a cumprir um acordo escrito formal e garantem os direitos de propriedade. Caso haja uma disputa comercial de qualquer natureza, tais instituições serão capazes de resolver de forma rápida e imparcial e a vitória de um lado terá relação com o mérito real do contrato e da situação. Dessa forma, o que for escrito tem validade legal e real e só será assinado por quem estiver disposto a fazer valer suas obrigações contratuais.

No caso das instituições governamentais, sua origem ocidental remonta à Suméria, mas novamente tem na Grécia uma importante referência. Porém, o Estado como entendemos hoje pode ser considerado um construto romano, e evoluiu em boa parte de seu "sucessor", o Sacro Império Romano, que na prática era uma espécie primitiva de federação, localizado onde hoje fica a Alemanha.

A cultura oriental é a segunda mais forte e vem ganhando importância a partir do crescimento do Japão na década de 1980 e da China nos últimos anos. A lógica comercial é a do "contato". Uma vez que a China sempre foi dominada por oligarquias burocráticas fortes (os mandarins) e o Japão pelos clãs feudais, as disputas comerciais podiam se arrastar por anos e o ganho de uma causa dependeria muito mais da relação com o grupo governante do que do mérito da causa. Assim sendo, a disputa comercial deve ser evitada ao máximo e só se deve fazer negócios com quem coloca sua palavra e sua honra acima do dinheiro. Um oriental levará um grande tempo para estabelecer se o parceiro comercial é uma "pessoa honrada" que preferiria perder dinheiro a descumprir sua palavra.

A cultura hindu tem sua importância devido ao subcontinente indiano, que por muitos anos foi controlado pelo Reino Unido, mas que vem se tornando um parceiro global nas últimas décadas. A lógica hindu é a da "casta", mas, devido à presença inglesa, a lógica comercial foi bastante influenciada também pelos padrões ocidentais. A divisão de castas limita as relações comerciais da mesma forma que outras relações.

A cultura árabe voltou a ganhar importância com a introdução do petróleo na economia mundial no século XX. Aqui, a cultura tribal domina as relações de todos os tipos. Os estados nacionais são fracos e as tribos e a religião têm um peso forte. A falta de instituições fortes leva a uma cultura do "contato". Além disso, é importante notar que a barganha é um fator cultural forte, bem como a limitação religiosa de cobrança de juros.

O Brasil se situa em um híbrido cultural. Embora muitos considerem o Brasil como um subtipo da cultura ocidental rotulado de "Cultura Latina", o Brasil na prática sofreu diversas influências culturais, tendo se tornado um híbrido de todos os grandes grupos descritos anteriormente. Apenas a Indonésia tem um perfil similar, mas lá não ocorreu a miscigenação que ocorreu no Brasil. No Brasil, comercialmente, há uma mistura de lógica "contratual" com "contatual". As instituições nacionais são fortes, mas sofrem influência de grupos de interesse. Disputas comerciais podem levar anos e a vitória depende muitas vezes de contatos dentro do poder judiciário.

Existe, entretanto, um tipo de cultura diferente, não ligado às regiões geográficas, mas sim às organizações, que é particular de cada entidade, mas que tem traços em comum. As culturas organizacionais são partilhadas pelos indivíduos de uma organização mesmo que não sejam explícitas. Existem valores, crenças, atitudes e mitologias dentro de todas as organizações. Tais características mudam com o tempo, mas lentamente. Elas podem ser medidas e moldadas através da gestão, mas isso toma bastante tempo e requer um grande esforço.

É importante notar que as mitologias organizacionais são fundamentais pois os mitos geram os ritos e os sistemas de crença, a sensação de pertencimento e a confiança dentro da organização. Algumas das mitologias são tão fortes que mal percebemos que são mitologias, tais como o mito da carreira, do empreendedor, do líder, da liderança, da eficiência, das ideologias, da justiça, da ditadura e da democracia.

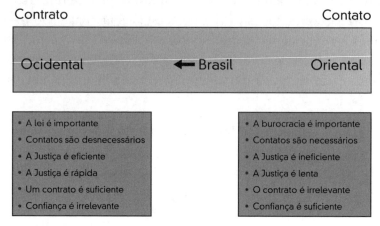

FIGURA 2

Mitos tendem a ser radicalizados por seres humanos, virando coisas sacras ou profanas. Muitas das mitologias citadas acima tem essa característica, que precisa ser compreendida ao se lidar com elas. Isso é particularmente crítico em ambientes carregados de propaganda política, como na administração pública, onde certos temas, palavras, pessoas e partidos são sacralizados ou se tornam profanos.

O último patamar é o individual e é estudado em grande parte pela psicologia. Apesar de diversos comportamentos humanos serem determinados pela biologia e pela cultura na qual o indivíduo foi educado, este ainda é livre para fazer suas escolhas, isto é, ele tem o livre arbítrio.

Dessa forma, não é possível prever como um determinado indivíduo irá se comportar em uma situação, mas é possível prever como, na média, os indivíduos se comportam. Ou seja, é possível prever o comportamento de uma grande quantidade de pessoas, mas não se pode prever o comportamento individual devido à existência do livre arbítrio.

Os psicólogos discutem bastante as formas pelas quais se pode prever o perfil psicológico de um indivíduo e existem diversos modelos.

Outro ponto importante é a existência de limitações cognitivas para a racionalidade humana. A memória humana tende a recuperar de forma mais rápida e eficiente os objetos armazenados na memória de curto prazo, e se tende também a selecionar a memória dos eventos que reforçam nossos preconceitos do mundo, bem como se percebe valores e probabilidades de forma não linear. As limitações na racionalidade humana são diversas e influenciam a forma pela qual os seres humanos tomam decisões.

O comportamento do ser humano é complexo, mas pode ser mapeado, previsível e até manipulável no nível do grupo, embora não do indivíduo. Isso nos leva a um tema central da economia, da administração e, em particular, da administração pública, que é o fato de que seres humanos respondem a estímulos.

1.1.2. Resposta a Estímulos

Um conceito central da Gestão Pública é o fato de que seres humanos respondem a estímulos. Assim sendo, uma lei, um imposto, um contrato, uma política pública, um regulamento ou uma regra organizacional, no sentido mais geral, são um sistema de estímulos, ou de desestímulos, se você preferir.

Ao pensar no arcabouço de qualquer regra organizacional, se deve ter em mente que esta induzirá uma parcela dos indivíduos submetidos a ela a se comportarem de uma determinada forma. Às vezes, esse estímulo é feito de forma deliberada, mas, outras vezes, ele é uma consequência não intencional e até mesmo, em certos casos, contraproducente.

Um exemplo simples é um imposto de importação, que visa desestimular a importação de um determinado item. Outro exemplo, um pouco mais complexo, é o do imposto de renda, que possui como resultado não intencional um estímulo a ter uma menor renda e, por consequência, uma menor produtividade.

Um estímulo tem uma probabilidade de funcionar que varia de acordo com cada indivíduo. Embora não seja possível prever qual a reação de cada indivíduo, é possível prever como, em média, a população irá se comportar.

Políticas macroeconômicas são fortemente baseadas nesse princípio. Ao elevar ou reduzir juros e impostos, o governo imagina que uma quantidade de indivíduos aumentará ou reduzirá seus gastos, e dessa forma se reduzirá a pressão sobre os preços e, consequentemente, a inflação.

Uma importante aplicação desse princípio é a teoria do crime, criada por Becker (1968), que afirma que a probabilidade de um indivíduo executar um crime racional é proporcional ao prêmio e inversamente proporcional à probabilidade de ser punido e ao tamanho da punição, isto é, ele traduziu formalmente a lógica de que "a oportunidade faz o ladrão".

A teoria do crime é utilizada para as políticas públicas de segurança pública, justiça e administração penitenciária, mas é também importante para entender o fenômeno da corrupção. Ela nos diz que não existem pessoas "boas" e "honestas" ou "más" e "desonestas". Todos os indivíduos estão medindo a cada momento os riscos e benefícios de um comportamento oportunista ou corrupto.

A consequência é que nenhum sistema organizacional pode partir do pressuposto de que os agentes são honestos. Ao contrário, ele deve partir do pressuposto de que as pessoas serão corruptas se não houver alguma forma de vigilância e punição suficientemente efetiva para reduzir a probabilidade de um crime ser executado.

Uma outra teoria importante nesse mesmo princípio é a teoria do contrato (Bolton e Dewatripont, 2004), que mostra que um contrato é um sistema de incentivos de parte a parte que pode ser racionalizado. A forma pela qual se constrói o contrato induz ao comportamento das partes. Por vezes, esse comportamento é não intencional.

Um exemplo de efeito não intencional é o de uma típica licitação na qual, ao escolher o menor preço entre diversos fornecedores, cria-se o estímulo para que eles mintam sobre os preços a ponto de ganharem um contrato inexequível, para depois poderem renegociar as condições, uma vez que o custo de refazer a licitação é maior do que o de aumentar o pagamento.

A forma pela qual se modela a preferência dos indivíduos e sua resposta aos estímulos é feita por um trio de teorias. A teoria da utilidade nos descreve como transformadores de resultados em utilidade através de "funções de utilidade". A teoria da decisão nos descreve como indivíduos tomadores de decisões e capazes de analisar situações de decisão. A teoria dos jogos explica como a decisão conjunta de duas ou mais partes resulta na formação de jogos.

As funções de utilidade mudam de indivíduo para indivíduo e ao longo de tempo. Isso se dá porque os indivíduos têm interesses diferentes e que também mudam ao longo do tempo, o que nos leva ao nosso próximo tema.

1.1.3. Interesses

Uma das questões fundamentais para a Gestão Pública é que existem muito atores envolvidos, também chamados de *stakeholders* ou interessados, e cada um deles tem um interesse diferente. Dessa forma, a Gestão Pública é naturalmente um jogo de interesses. Algumas pessoas veem isso como se fosse algo negativo, mas o fato é que essa é a natureza do governo que representa os interesses comuns de uma sociedade. O problema não é ser um jogo de interesses, mas quais são as regras do jogo e se todos os atores são atendidos em seus interesses de forma eficiente.

A lista de atores envolve cidadãos, eleitores, turistas, crianças, contribuintes, partidos, sindicatos, empresários, imprensa, ONGs, políticos, religiões, funcionários públicos, bancos, investidores, agricultores e industrialistas. A lista pode ser aumentada na medida em que subdividirmos algumas dessas categorias.

Todos eles têm interesses diferentes uns dos outros e por vezes antagônicos. Muitos deles buscam deformar o sistema governamental de maneira a se apropriarem de uma parcela de poder desproporcional e imporem seus interesses sobre os demais. Isso ocorreu diversas vezes ao longo da história em sociedades diferentes, sempre com resultados muito negativos. Ao longo do tempo, os sistemas governamentais foram evoluindo para reduzir a probabilidade do que se chama de "captura do Estado" por um grupo isolado.

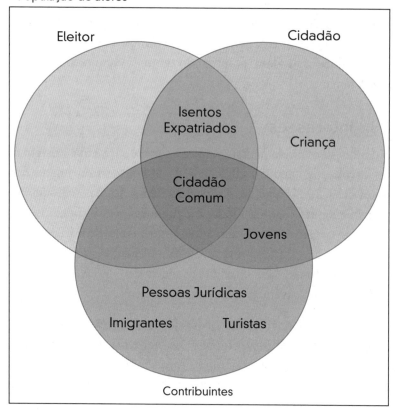

FIGURA 3

A "captura do Estado" pode se dar através de diversas formas, tais como uma burocracia forte demais, um ditador, um grupo econômico muito forte ou uma religião que se torna dominante. Em todos os casos, os interesses de um grupo deixam de ser atendidos e o Estado começa a não funcionar mais. Em muitos casos, uma imigração em massa ocorre, pois se cria um estímulo à imigração. No limite, o Estado se torna disfuncional e deixa de existir.

Para evitar essa captura, desenvolveram-se sistemas de proteção e limitação de poderes, tais como a divisão de três poderes, segregação de funções, agências reguladoras e eleições constantes.

Para que um Estado funcional exista devem ser preservados os interesses dos indivíduos, limitando, com isso, o uso do poder por outros indivíduos, mas garantindo também que exista sinergia na interação de todos os indivíduos, isto é, deve haver um equilíbrio.

1.1.4. Coopetição

A sociedade humana sempre esteve presa entre as vantagens de cooperar para sobreviver e as vantagens de competir para reproduzir. Dessa esquizofrenia da espécie de caçadores e coletores de reprodução sexuada surgiu a coopetição. Essa dualidade está ligada à própria natureza humana.

Organizações humanas vivem sempre presas nessa dualidade tanto quanto os indivíduos. Pessoas de uma mesma organização cooperam para fazer da organização maior e melhor, mas competem entre si por melhores cargos e salários. Lojas de um mesmo shopping cooperam para fazer daquele shopping o mais atraente de uma cidade, mas competem por cada venda feita dentro do shopping. Políticos cooperam entre si para fazer da entidade federada, seja ela município, estado ou união, uma entidade maior e melhor, mas competem entre si por poder. Países cooperam entre si para atingirem objetivos comuns de uma determinada aliança, mas competem entre si por poder. Dois organismos, sejam eles biológicos ou organizacionais, coexistem, coopetem e, portanto, evoluem em conjunto, ou coevoluem. Ao tentar superar um ao outro, a evolução de um força a evolução do outro. Assim, a coopetição leva à coevolução.

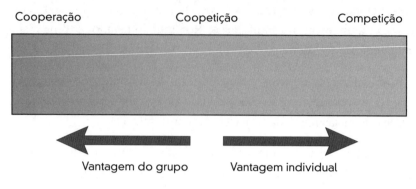

FIGURA 4

O resultado é que ambos continuam em patamares de competitividade iguais embora tenham evoluído. Organismos isolados desse ciclo que venham a entrar em contato com esses organismos que coevoluíram estarão menos aptos a sobreviver, têm uma maior probabilidade de serem extintos e, se não o forem, terão de coevoluir se adaptando na presença dos outros organismos.

Esse fenômeno é por vezes chamado de "efeito da dama de copas" ("Red Queen Effect", "Red Queen Behavior", "Red Queen Principle" ou "Red Queen Hypothesis"), foi originalmente desenvolvido na biologia para explicar a coevolução e tal termo foi cunhado por Leigh Van Valen em 1973.

No caso dos humanos, esse mecanismo se dava com o resto da biosfera terrestre até por volta da última glaciação, quando enfim a megafauna deixou de ser uma ameaça real para os humanos. Os grupos humanos começaram então a coopetir uns com os outros.

Matematicamente, o fenômeno é modelado pela teoria dos jogos, mais especificamente pelo jogo da inovação, que é uma versão do dilema do prisioneiro (Ordeshook, 1986).

Imagine duas organizações, sejam elas empresas ou Estados, competindo por seis recursos, sejam eles recursos naturais, investidores, uma população a que se pode taxar ou uma combinação desses itens. Elas dividem esses recursos igualmente, isto é, cada uma tem três recursos. Surge a possibilidade de uma inovação qualquer, porém essa inovação custa o equivalente a duas unidades. Se algum dos dois fizer a inovação, levará todos os seis recursos, mas, ao ter gasto o equivalente a dois recursos, lhe sobrarão quatro. Enquanto isso, a que não fez a inovação ficará com zero. A situação é simétrica, isto é, se a outra organização fizer a inovação, ela ficará com quatro e a primeira com zero. Se ambas fizerem a inovação, ambas terão de dividir os recursos, ficando três para cada. Só que, como cada uma gastou dois para inovar, lhes sobrarão apenas um recurso cada. A situação é mostrada visualmente na Figura 5.

A análise da situação é simples e análoga à do dilema do prisioneiro. Forma-se um jogo 2x2 onde cada um dos jogadores, ou organizações, tem que fazer uma escolha sem saber o que a outra escolheu. Elas não sabem se estão em uma situação na qual o concorrente inovou ou não inovou e, portanto, têm de analisar as duas situações separadamente.

Se o concorrente não inovou, o melhor para ele será inovar, pois ganhar quatro é melhor do que ganhar três. Se o concorrente inovou, o melhor também será inovar, pois ganhar um é melhor do que ganhar zero. Assim, concluímos que é sempre melhor inovar.

Isso se chama de estratégia dominante, ou seja, uma estratégia que é sempre melhor do que as outras. Só que, nesse caso, como o jogo é simétrico, existe uma estratégia dominante para o outro concorrente que também é inovar. Isso resultará no que se chama de "equilíbrio de Nash" no quadrante em que ambos inovam. Note que, se nenhum dos dois inovar, eles teriam um ganho maior, de três cada um, mas há um incentivo para inovar e isso resulta em ambos inovarem.

O jogo coloca claramente uma situação onde existe uma vantagem grupal na cooperação (não inovar) contra uma vantagem individual (inovar). Assim, é possível modelar o dilema e entender que, embora no curto prazo seja possível uma cooperação, ela não dura para sempre, e assim os seres humanos oscilam entre os dois polos, buscando um equilíbrio.

O jogo da inovação, uma versão do dilema do prisioneiro

JOGADOR 2

	Não Inova	Inova
JOGADOR 1 Não Inova	3,3	0,4
Inova	4,0	1,1

FIGURA 5

O resultado desse jogo é que existe uma pressão por inovação na medida em que os seres coexistem. O modelo acima mostra a interação entre dois organismos, e nele a pressão ainda é baixa, sendo possível manter a situação de não inovação por um certo tempo. Mas imagine se tivermos três ou mais jogadores na mesma situação. Quanto maior o número de jogadores, maior será a pressão por inovação, ou pressão evolutiva.

Em sociedades fragmentadas com muitos interesses, a pressão evolutiva tende a ser maior do que em sociedades com poucos interesses. Essa conclusão tem diversas implicações para a Gestão Pública e a questão do desenvolvimento.

Existe ainda mais uma conexão muito importante, que é a conexão de dualidade entre competição e cooperação com a dualidade de liberdade e igualdade. A competição pura é associada à liberdade de ação dos indivíduos, enquanto a igualdade é associada à cooperação. Igualdade é uma vantagem para o grupo, mas a liberdade é uma vantagem para o indivíduo. Além disso, a busca de uma liberdade extrema leva à ruptura da igualdade entre os indivíduos, enquanto a busca de uma igualdade extrema leva à inibição da liberdade. Em última análise, existe uma certa contradição entre liberdade e igualdade, na qual uma sociedade tem de achar a sua zona de conforto, isto é, até que ponto a sociedade está disposta a sacrificar uma em busca da outra. Essa dualidade está inserida fortemente na base filosófica e científica das posições políticas e das ideologias.

Isso nos leva ao tema de qual é a função do Estado e qual seu propósito.

1.2. FUNÇÕES DO ESTADO

Diversos autores analisaram qual o papel do Estado. Entre os principais estão Aristóteles (2007), Platão (1986), Hobbes (1988), Rousseau (1999), Montesquieu (1949), Smith (1991), Marx (1991), Hayek (1994), North (1990) e Friedman (2002).

O fato é que o Estado surgiu de forma muito simples no final do Neolítico, quando as primeiras cidades se formaram. A mais antiga evidência de uma obra pública é a mais antiga muralha de Jericó, que data de cerca de 8.000 a.C, também referida como a muralha do Neolítico pré-cerâmica. Naquele momento da história, um grupo de fazendeiros primitivos decidiu construir um bem que era propriedade de todos, uma muralha de pedra para a defesa comum.

Assim sendo, a função inicial do Estado foi a de *defesa* dos indivíduos do Estado contra ameaças externas. Sem essa função, o Estado não sobrevive, e não é de se admirar que ela tenha sido a primeira função, e a primeira a gerar indivíduos com dedicação exclusiva e em tempo integral, isto é, as forças armadas.

A segunda função a surgir foi a de defesa dos indivíduos uns dos outros: a *justiça*. Ela surgiu na forma de religião, possivelmente na Suméria, por volta de 4.000 a.C. Entretanto, a primeira lei não religiosa de que se tem evidência é o código de Hammurabi, de 1.772 a.C.

Uma parte dessa função é que, intrinsecamente, ela constrói a identidade nacional na medida em que estabelece quem está submetido às leis e como. A identidade nacional evoluiu para o nacionalismo ao longo dos séculos e virou um dos pilares dos Estados Modernos.

Outra parte intrínseca é que, para se fazer justiça, devem haver três subsistemas que surgiram de forma conjunta e aos poucos se especializaram: o legal, o penal e o policial. O termo polícia vem de polis, ou cidade, e significa que o cidadão tem sua liberdade vigiada e, portanto, cerceada para poder viver em grupo. Isso implica que se deve abrir mão de algumas vantagens individuais para se obter as vantagens de viver em grupo.

Inevitavelmente, surge aqui o debate sobre qual o nível de intervenção do Estado na vida pessoal e qual é a função do Estado nesse particular.

A terceira função do Estado surgiu quando ele teve de *regular o mercado* que nascia. Por volta de 3.500 a.C., ao longo de rios no mundo inteiro, mas particularmente na bacia mesopotâmica, começaram a surgir mercadores que se deslocavam em barcos e negociavam com as diferentes cidades. Isso fez surgir a necessidade de algumas invenções importantes, tais como a escrita e a moeda.

Segundo Fischer (1996), a grande maioria das tabuletas de argila recuperadas da Suméria contém folhas de pagamento, manifestos de carga, listas de preços e listas de compras. Isso é, a escrita nasceu como a primeira tecnologia da informação, em decorrência da necessidade do comércio de estabelecer padronizações ou, se você preferir, reduzir custos de transação.

A moeda é um passo natural a partir da escrita e do surgimento do comércio, uma vez que ela é a segunda tecnologia da informação. Ela serve para padronizar as transações, reduzindo os custos em tempo. Imagine como seria trocar porcos por galinhas sem dinheiro. Não só seria complicado ficar levando os itens para efetuar as trocas, mas também requereria uma constante avaliação do valor dos itens.

O dinheiro foi inventado com três propósitos básicos: ter um valor explícito, ter um valor simétrico para todos os observadores e ser de difícil falsificação. Este terceiro propósito surgiu da necessidade intrínseca de controlar o meio circulante muito antes de qualquer teoria econômica ser elaborada. O uso de metais raros como cobre, prata e ouro surgiu depois de algum tempo, na medida em que o estoque desses metais era mais fácil de ser controlado pelo Estado. Porém, as primeiras moedas eram feitas de argila e pedra, bem mais fáceis de falsificar e, portanto, mais difíceis de regular como meio circulante.

Aqui também surge a vigilância do Estado sobre o mercado. As organizações de mercado devem abrir mão de suas vantagens de viver sem regulação para obter as vantagens de viver em um ambiente regulado. O debate é análogo ao nível de liberdade individual e surge no que se refere à liberdade econômica.

Em um primeiro momento, a centralidade do Estado eram os templos, que se confundiam com os bancos e o sistema judiciário. As doações para os templos manterem esses serviços constituem a origem da taxação.

No final das contas, a necessidade de regular o mercado pela regulação da moeda foi a terceira função do Estado. A regulação do mercado e da economia foi evoluindo ao longo do tempo e ficando cada vez mais complexa.

A quarta função surgiu durante a idade do Ferro e a necessidade de construir rodovias no Império Romano, ou *investimento em infraestrutura*. Embora rodovias existissem desde a Suméria, foi somente com a necessidade de expansão territorial dos romanos que um sistema viário de grande porte surgiu. O custo de transporte também é um custo de transação e, como era caro para que qualquer indivíduo isoladamente o fizesse, isso se transformou em uma tarefa do Estado.

Podemos generalizar essa função como a de investimento em infraestrutura que seja necessária para a sociedade, mas que nenhum indivíduo isoladamente tenha como fazer, que não seja economicamente vantajoso ou que seja ariscado demais para um indivíduo apenas. Isso implica que parte dos impostos devem ser arrecadados para investir. Com o tempo, as necessidades de investimento evoluíram para se transformarem em canais, pontes, portos, armazéns, diques, aquedutos, escolas públicas, hospitais, redes ferroviárias e redes de telecomunicações.

Essa necessidade de organizar os investimentos acabou levando ao surgimento de uma burocracia inicial que surgiu tanto no Império Romano quanto na Dinastia Han chinesa. Novamente, esse tipo de funcionário já existia, mas a extensão e complexidade atingidos por essas sociedades superavam em muito tudo o que existira anteriormente.

Existem evidências de licitações para adquirir cavalos para as unidades romanas com especificações do que o cavalo deveria fazer, uma espécie de termo de referência primitivo. No caso da Dinastia Han, existem tabelas de salários para os diversos cargos, bem como documentos que mostram que haviam provas para que alguém fosse admitido na burocracia imperial. Tais práticas continuam até hoje nos Estados do mundo inteiro.

A quinta função é a de estimular a *pesquisa e o desenvolvimento*. Embora ela possa ser descrita como um subcaso da quarta função, devido a sua importância, me faz parecer necessário destacá-la. As primeiras experiências são de Siracusa sob o comando do ditador Dionísio I, o velho, por volta de 400 a.C., que montou um centro de pesquisa militar. Depois disso, como exemplos históricos fortes, existem a escola de Sagres em Portugal e a de Xangai na China. No entanto, foi no século XIX que a indução à pesquisa se transformou em central para o Estado. A Alemanha, devido a sua fraqueza em termos de recursos naturais, desenvolveu a indústria química, sendo até hoje um dos polos dessa indústria no mundo. Ao longo do século XX, particularmente durante a Segunda Guerra Mundial, e depois com a Guerra Fria, a indução do desenvolvimento tecnológico através da pesquisa e, em particular, da pesquisa militar se transformaram em um importante componente das funções do Estado.

Essas cinco funções podem ser generalizadas como sendo redução dos custos de transação. Dessa forma, um Estado existe para reduzir os custos de transação e permitir um maior número de interações dentro da sociedade, fazendo com que ela aumente sua produtividade. Podemos resumir os custos de transação conforme mostrado na Tabela 1.

CLASSIFICAÇÃO DOS CUSTOS DE TRANSAÇÃO

Custos de mercado	Custos de informação
Infraestrutura viária	Infraestrutura científica
Infraestrutura de comunicação	Educação (qualificação de mão de obra)
Gastos com a administração pública (impostos)	Transparência governamental (corrupção)
Gastos com a ordem pública (impostos)	Confiabilidade de institutos estatísticos

TABELA 1

Os custos de mercado podem ser explicados como os custos adicionados a qualquer transação a ser efetuada em termos de frete, comunicação e impostos para manter o aparelho do Estado funcionando. Os custos de informação representam o custo para obter informações relevantes para iniciar e manter um negócio.

Cabe ressaltar que essas cinco funções guardam uma analogia com um organismo. Novamente, a comparação com o organismo biológico, o Leviatã de Hobbes, surge como uma referência relevante.

A Figura 6 mostra a defesa como sendo a função de sobrevivência, e as funções de justiça e regulação de mercado como a regulação metabólica interna necessária de qualquer organismo para viver. A função de investimentos lida com a eficiência metabólica e a necessidade de reposição e regeneração de tecidos. Finalmente, a função de pesquisa e desenvolvimento lida com a evolução do organismo.

É importante salientar que toda analogia é limitada e essa não é uma exceção. Organismos vivos têm a função de reprodução como central, e esta não aparece em nosso Leviatã Hobbesiano. Da mesma forma, os Estados tendem a crescer sem necessariamente ter limites, e essa função está relacionada a todas as cinco funções. Poucos animais do mundo biológico crescem sem limite, mas existem alguns casos.

As cinco funções vitais do organismo Estado, o Leviatã Hobbesiano

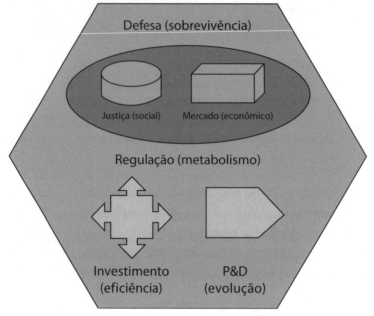

FIGURA 6

1.3. INTERVENÇÃO E LIBERDADE

Entretanto, existe um outro aspecto importante a ser abordado, que é o grau de intervenção que o Estado deve ter na sociedade ao exercer suas funções, particularmente da segunda e terceira funções, isto é, justiça e regulação do mercado.

O debate usual é entre uma maior intervenção do Estado na vida social ou dar uma maior liberdade para ela. Esse debate está intrinsecamente associado à dualidade entre liberdade e igualdade. É muito comum se associar a busca de uma maior intervenção com a busca pela igualdade e relacionar isso com o campo político da "esquerda". Na mesma linha, uma maior liberdade está associada ao campo político da "direita". Em um ponto intermediário estaria a busca de um equilíbrio entre a intervenção e a liberdade, ou da igualdade e da liberdade por meio da fraternidade (daí o famoso lema revolucionário francês), e está associado ao campo político do "centro".

Os termos "esquerda", "direita" e "centro" foram colocados entre aspas pois foram usados e abusados pela propaganda política ao longo dos séculos XIX, XX e XXI, estando desgastados e podendo significar coisas diferentes para pessoas diferentes. Por exemplo, no Brasil, a "esquerda" é comumente associada à luta pela liberdade por ter sido contra a ditadura, que era de "direita". Entretanto, essa interpretação é peculiar do Brasil. No resto do mundo, quem luta pela liberdade como valor principal é usualmente associado como sendo de "direita". No geral, tem de se tomar um grande cuidado com esses termos e deve se tentar entender o que o interlocutor está querendo dizer com o termo que utiliza.

FIGURA 7

A Figura 7 mostra uma versão mais completa da Figura 4. Nela são colocados termos associados às três posições arquetípicas do espectro de possibilidade entre intervenção e liberdade. Note que os termos "Marxistas" e "Liberais" também foram colocados entre aspas por serem termos desgastados e que podem ser interpretados de formas diferentes.

A partir da análise anterior, podemos perceber que a sociedade humana tende a viver em um equilíbrio entre os dois extremos no longo prazo, mas sociedades diferentes fizeram escolhas diferentes ao longo do tempo para sua busca de objetivos no curto prazo. A China contemporânea claramente se posiciona mais próxima da busca da cooperação e de uma maior intervenção na vida social, enquanto os EUA se posicionam mais próximos ao polo oposto na busca da competição e da maior liberdade social. O Brasil pode ser considerado em uma posição intermediária, uma vez que a liberdade individual é um valor tão forte quanto o sentimento gregário brasileiro.

Entretanto, existe uma outra forma de análise das posições políticas que evoluiu nas últimas décadas e se baseia na divisão do tema de intervenção do Estado em duas dimensões, isto é, a econômica e a vida pessoal.

A Figura 8 mostra o gráfico de Nolan, onde as duas dimensões foram separadas. No eixo horizontal está o nível de intervenção na economia, e no eixo vertical está o nível de intervenção na vida pessoal. Surgem assim cinco posições nos extremos dos eixos e uma no centro. Eu incluí uma sexta posição referente a um termo novo que vem causando muita discussão, que é o capitalismo de Estado, atribuído ao modelo chinês atual.

Note que o eixo tradicional de "esquerda" versus "direita" se desloca para ocupar uma diagonal da parte superior esquerda para a inferior direita. Isso reflete o entendimento típico do que esses termos representam nos EUA e na Europa.

A Esquerda Liberal inclui indivíduos que prezam sua liberdade pessoal, mas querem um Estado forte, que limita as liberdades econômicas impedindo os abusos econômicos e garantindo a igualdade sem retirar a liberdade individual. Podemos argumentar que, no limite, essa era a proposta do socialismo utópico do século XIX, onde a igualdade e a liberdade seriam mantidas, porém na prática, ao impor a igualdade, a liberdade acaba limitada. Há também um questionamento se esse tipo de sociedade é estável no longo prazo, uma vez que ela desestimula o desenvolvimento econômico. Os países que mais se aproximam desse ideal no mundo contemporâneo são os escandinavos, mas, com impostos sobre a renda muito altos, eles espantam empreendedores, além de serem sociedades pequenas.

Gráfico de Nolan

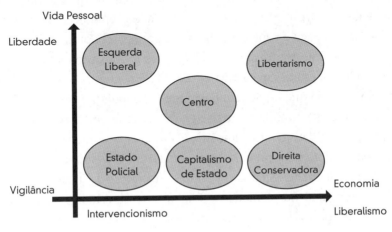

FIGURA 8

O Libertarismo inclui indivíduos que querem o mínimo de interferência do governo, tanto na vida pessoal quanto na vida econômica. O governo é visto como um bem comum, quase que um condomínio. No limite, esse quadrante seria próximo ao conceito de anarquia. Esse ideal de liberdade é difícil de alcançar e podemos incluir apenas alguns poucos países de dimensões reduzidas e algumas comunidades isoladas nesse caso. A Suíça e a Holanda talvez sejam os maiores países que se aproximam desse ideal, bem como outros países menores, como Luxemburgo. Algumas comunidades muito reclusas, tais como os Amish dos EUA, também podem ser considerados parte desse grupo.

O Estado Policial representa sociedades onde a intervenção do Estado é forte tanto na vida pessoal quanto na econômica. No limite, esse é o ideal do Comunismo do século XX, ou o socialismo pragmático, ou do Marxismo-Leninismo, ou seja, a interpretação de Lênin do Marxismo, que difere da visão mais utópica original de Marx. Por outro lado, também é possível incluir qualquer ditadura de "direita" e os Estados absolutistas e teocráticos. Na prática, existem muitos países e comunidades nesse quadrante, incluindo todas as ditaduras do mundo. No limite, a excessiva restrição de liberdade acaba impedindo o desenvolvimento econômico.

O Capitalismo de Estado representa uma situação na qual as liberdades individuais são reprimidas, mas com liberdade econômica, o que inclui propriedade privada e usualmente grandes grupos econômicos. Na verdade, o Estado protege e financia esses grandes grupos econômicos, sejam eles privados ou estatais, para atuarem como elementos de desenvolvimento econômico. Só quem não tem liberdade é a população em geral. Esse é o ideal do Fascismo, onde a sinergia entre o sistema privado e o Estado é maximizada em detrimento da liberdade dos cidadãos. Esse sistema tende a funcionar muito bem no curto prazo, mas tem seus limites ao inibir as liberdades individuais. Além dos exemplos históricos da Itália fascista, podemos argumentar que o moderno Capitalismo de Estado é praticado na China depois de 1979 e na Coreia do Sul desde a guerra de 1953.

A Direita Conservadora envolve uma repressão às liberdades individuais, mas com liberdade econômica. Esse era o ideal do Liberalismo britânico do começo do século XIX, onde uma sociedade puritana e conservadora convivia com um liberalismo econômico forte e com baixo nível de regulação. A prova da eficiência desse sistema é o crescimento do Reino Unido nesse período. Por outro lado, foram geradas desigualdades sociais muito fortes, que criaram uma barreira posterior ao crescimento. Modernamente, podemos argumentar que a Índia se encontra nesse quadrante com seu sistema religioso conservador, que limita fortemente as liberdades individuais, mas com grande liberalismo econômico, que acentua as desigualdades já grandes daquela sociedade.

O Centro tenta equilibrar as variáveis de maneira a obter crescimento sustentável de longo prazo e evitar a captura do Estado por qualquer grupo. Esse pode não ser o sistema mais eficiente em termos de crescimento de curto prazo, mas é o mais eficiente em termos de crescimento de longo prazo, devido à flexibilidade e à adaptabilidade. A dificuldade é continuar a manter o sistema equilibrado. Esse é o ideal republicano de liberdade, igualdade e fraternidade, onde todos os grupos são representados e as minorias são respeitadas pelas maiorias. Podemos argumentar que as grandes sociedades ocidentais estão nesse cenário, tais como os EUA, o Reino Unido atual, a França, a Alemanha e o Brasil.

Casos intermediários também são possíveis. Por exemplo, podemos argumentar que o Japão e a Turquia estão migrando de uma Direita Conservadora para o Centro. O Japão está mais adiantado nesse processo, mas a existência do Imperador, ainda que sem poder, e uma cultura muita rígida são traços da Direita Conservadora. No caso da Turquia, ela tenta migrar de uma sociedade teológica para uma sociedade secular, ou seja, um Estado laico baseado em instituições modernas.

Existem diversas variações do gráfico de Nolan e é possível encontrar alguns testes na internet para o leitor checar qual sua posição no gráfico. Eu desconheço pesquisas estatísticas de grande quantidade de brasileiros acerca de seu posicionamento.

Porém, o gráfico de Nolan contém uma simplificação bastante forte no que tange à intervenção do Estado na vida econômica, ao apenas analisar o nível de intervenção e não sua forma.

Para tal, temos de pensar que uma economia é composta de diversos mercados, ou indústrias, e que essas indústrias têm estruturas diferentes, que vêm sendo analisadas pela teoria da organização industrial desde a década de 1920. Logo no começo, se percebeu que existiam imperfeições na competição que geravam distorções, e isso pôs por terra o sonho de um mercado sem a regulação do Estado.

Nossa análise aqui será simplificada em termos de agrupar diversos mercados em quatro tipos básicos, classificados em termos de barreiras de entrada e de saída. Para tal, mostramos a Figura 9, onde essas barreiras são divididas entre altas e baixas, formando quatro casos arquetípicos que passamos a analisar.

GESTÃO PÚBLICA CONTEMPORÂNEA

Barreiras de entrada e saída e a regulação do Estado

JOGADOR 2

		Baixas	Altas
	Baixas	Fiscalização	Estímulo ao capital intelectual
BARREIRAS DE SAÍDA			
	Altas	Estímulo de entrada Evitar gigantismo	Intervenção e regulação

FIGURA 9

Barreiras de entrada representam quão difícil é entrar em um mercado e, portanto, indicam quantos competidores existem naquele mercado. Quanto maior a barreira de entrada, menos competidores, ou jogadores, temos em um mercado. As barreiras de entrada usualmente estão relacionadas ao custo em dinheiro, regulamentação do governo, tempo de maturação do negócio, curvas de aprendizado, valor de marca e acesso a redes de distribuição.

Por exemplo, os mercados de varejo e hotelaria têm uma barreira de entrada relativamente baixa, enquanto os de consultoria, educação, petróleo e farmacêutico têm uma barreira relativamente alta. No limite, existem alguns negócios, tais como saneamento e distribuição de energia, cuja barreira é tão alta que se diz infinita, gerando um monopólio natural.

Já as barreiras de saída representam a dificuldade de se sair de um negócio. Geralmente estão associadas ao custo irrecuperável ou custo afundado, que são, em geral, o custo de estruturas físicas muito específicas, como, por exemplo, o custo afundado em pesquisa e desenvolvimento tornado obsoleto pelo avanço tecnológico, ou investimento em marcas.

Quanto maior a barreira de saída, maior a briga para se manter no mercado e, portanto, maiores as oscilações no mercado. Enquanto isso, se a barreira é relativamente baixa, o mercado se autorregula de forma mais fácil.

Por exemplo, o mercado de varejo, consultoria e educação tem uma barreira relativamente baixa, enquanto os de hotelaria, petróleo e farmacêutico têm uma barreira alta.

Com isso formam-se quatro situações típicas, que podem obviamente ser ainda mais detalhadas. O fato é que esses mercados têm características diferentes e, portanto, são problemas diferentes e requerem soluções diferentes. Tanto aqueles que são a favor de sempre intervir no mercado quanto os que nunca intervêm no mercado cometem o erro de não perceber que os mercados não são homogêneos. A forma e intensidade da intervenção deve ser apropriada para cada caso.

O caso mais simples é o de barreiras de entrada e saída baixas. Nesse caso, o mercado se autorregula de fato com as empresas tendo facilidade de entrar e sair. Esse é o caso do mercado de varejo e de pequenas manufaturas e serviços. Aqui se formam mercados com grande número de competidores de pequeno porte, também chamados de competição perfeita no jargão econômico. Ao Estado só é necessário fiscalizar para evitar sonegação de impostos e para garantir segurança e higiene.

Em seguida, vem o caso de barreiras de entrada baixas, mas de saída altas. Aqui é fácil de entrar, mas os custos afundados fazem com que não se queira sair e se lute até a última possibilidade. Esse é o caso de indústrias sem grande tecnologia agregada, como aço, ácido e papel, mas também aviação, hotelaria, hospitais e bancos. Todas têm instalações específicas que podem ser compradas sem grande investimento de tempo. Aqui se formam mercados com alguns competidores de médio e grande porte, chamados de oligopólios pelos economistas.

Em princípio, a função do Estado é a de estimular novos entrantes e deixar os incompetentes falirem, sobrando somente os mais eficientes. Entretanto, devido a conexões políticas e necessidades de manutenção de empregos em determinadas regiões do país, o Estado pode se ver tentando salvar alguma empresa em dificuldade — o que é ruim, pois dar dinheiro para salvar alguém que é ineficiente só estimula mais ineficiência. Entretanto, as imperfeições da realidade podem levar a esse tipo de decisão.

Existe um caso extremo aqui que é o de uma empresa ter atingido o que se chama de estado "grande demais para deixar fracassar", também referido pelo termo original em inglês de *too big to fail*. Essas são empresas que se tornaram gigantes e, se vierem a falir, podem arrastar boa parte da economia. Isso é muito comum no setor bancário, onde, ainda por cima, isso pode gerar um efeito de cascata. Nesses casos, o governo tem de intervir a contragosto e estatizar temporariamente as empresas ou dar dinheiro para salvá-las, indicando um interventor. A situação é muito ruim, pois se está estimulando a ineficiência e isso só deveria ocorrer em emergência. Esse foi o caso da GM em 2008 e de muitos bancos no mundo inteiro. Idealmente, assim que for possível, o governo deve privatizar a empresa novamente.

O terceiro caso é onde as barreiras de entrada são altas, mas as de saída são baixas. Esse é o caso tipicamente de setores com alto capital intelectual agregado e que levam anos para desenvolver uma empresa, tais como educação, consultoria, tecnologia de defesa e pesquisa científica. Aqui também se formam oligopólios com uns poucos jogadores de médio para grande porte. As instalações não são específicas e podem ser realocadas com facilidade, fazendo ser rápida a saída do negócio. Por outro lado, o desenvolvimento de certas tecnologias ou de um corpo profissional com alto valor intelectual pode demorar anos ou décadas.

Aqui a função do governo é dupla, a de estimular o desenvolvimento com investimentos em pesquisa e formação de pesquisadores e também a de estimular e regularizar a demanda, reduzindo o risco desses negócios e evitando uma alta taxa de mortalidade dos mesmos.

Uma boa parte disso tem sido feita no mundo inteiro através de uma sinergia com a Defesa, segurança nacional e segurança pública. Ou seja, se investe fortemente em pesquisa através das forças armadas, reduzindo o risco de demanda para os empresários e garantindo sua sobrevivência mesmo em tempos de recessão econômica. Ao mesmo tempo, se reduz as barreiras de entrada de capital que muitas empresas não teriam como romper, garantindo um fluxo de inovação tecnológico constante para a sociedade.

O último caso é onde as barreiras de entrada e de saída são altas. Nesse caso, temos a situação mais complexa, pois tendem a se formar duopólios e até mesmo monopólios. O governo tem de intervir de forma a garantir que as distorções do mercado não prejudiquem a sociedade. Aqui temos os mercados farmacêutico, de petróleo, de telecomunicações, de esgoto e de água, de distribuição elétrica e de mineração, todos com infraestruturas muito específicas e de grande porte. Levam-se anos para montar tais estruturas e um corpo profissional qualificado.

Aqui a situação pode ser encarada como sendo "controle de danos". Não existem soluções boas, apenas as menos piores. A pior situação é um monopólio privado sem regulação, caso no qual o setor privado arbitra suas condições impondo o poder de barganha gerado pela assimetria de poder. Para evitar isso, o segundo pior caso muitas vezes ocorre, um monopólio estatal, seja ele regulado ou não. O problema do monopólio estatal é duplo. Primeiro, o governo não se regula de forma correta, pois tem um conflito de interesses. Além disso, ele tende a utilizar o monopólio para obter dividendos políticos, em vez de operar com eficiência.

Existe uma solução um pouco melhor do que esta, que é a de manter duas ou mais empresas estatais que concorrem entre si. Assim se mantém os problemas da autorregulação que é ineficiente, mas, pelo menos, se traz competição entre as estatais para o mercado. Desse modo se mantém um oligopólio ou duopólio estatal artificial.

Uma situação melhor do que essa é a de um monopólio privado com regulação estatal, caso no qual o governo não pode utilizar a empresa para propósitos políticos e há uma segregação de funções entre quem opera e quem julga se a operação foi corretamente executada. A segregação de funções é um conceito importante em termos de governança e fundamental nesse caso.

A melhor situação desse quadrante, que nem sempre pode ser atingida, é a de um oligopólio ou duopólio artificial ou forçado. Isto é, se divide por regiões geográficas ou tipos de atividades um mercado, de maneira a criar um oligopólio onde ele não existiria de forma espontânea. Posteriormente, deve se manter esse oligopólio de pé, evitando que ele recaia em um monopólio novamente. Esse foi o caso das telecomunicações no Brasil, que tem um oligopólio artificial e que, deixado sozinho, retornaria ao monopólio.

Como se pode ver, a questão da regulação é mais complexa do que parece, e simplificar a análise entre intervir ou não intervir é perigoso. Na prática, problemas diferentes requerem soluções diferentes, e o Estado tem de estar preparado para usar as diversas ferramentas necessárias para reduzir as distorções de mercado.

Com isso, percebemos que a complexidade do Estado é alta e que existem diversas áreas e formas de atuar. Assim, passamos agora a ver quais são estas áreas chamadas de políticas públicas e sua relação com a política.

1.4. POLÍTICAS PÚBLICAS E A POLÍTICA

Na medida em que o Estado se desenvolveu e se tornou cada vez mais complexo, ele foi gerando áreas especializadas. Novamente, a analogia com organismos biológicos é interessante, pois estes também evoluíram de organismos sem tecidos diferenciados para terem órgãos especializados. Esse é o processo natural de desenvolvimento de organismos tanto biológicos quanto organizacionais.

A Figura 10 mostra algumas das principais políticas públicas agrupadas em quatro blocos com políticas públicas com características em comum. Do lado esquerdo está o olhar do eleitor e cidadão que dá prioridade aos serviços essenciais e à infraestrutura. Muitas vezes, ele descreve suas prioridades de uma forma bem simples e com sua visão de seu microcosmo.

FUNDAMENTOS

Do outro lado está a visão do político que prioriza as funções de Estado, isto é, o núcleo duro de governo e também a infraestrutura. Em um ponto intermediário ficam as políticas públicas de desenvolvimento que fazem uma ponte entre as outras.

As políticas públicas se confundem com as próprias pastas de governo, sejam elas ministérios ou secretarias, por uma questão de gestão. A Figura 10 mostra uma lista típica, mas de forma nenhuma única. Existem diversos arranjos possíveis e que variam de acordo com a maturidade de uma entidade federada ou da necessidade política local.

Dentro do bloco de serviços essenciais se encontram as três políticas públicas centrais para o cidadão, que são saúde, educação e segurança. Essas funções precisam funcionar para que o eleitor esteja satisfeito com o governo. Isso força o político a escolher secretários ou ministros que sejam técnicos para essas cadeiras, para que as pastas funcionem bem.

O bloco de infraestrutura inclui as políticas de obras, habitação, transportes, trabalho e serviço penitenciário. Por vezes, as pastas de obras e transportes estão juntas sob o nome de infraestrutura. Essas políticas públicas são importantes para os dois lados. Para o cidadão, por ele utilizar transportes diariamente e precisar indiretamente das outras políticas, e para o político, porque elas movimentam um grande orçamento e, portanto, são pastas de grande importância. Usualmente, elas são atribuídas a aliados políticos próximos ou técnicos.

O núcleo duro é composto pelas políticas públicas de funções de Estado. A lista da Figura 10 inclui o nome típico de secretarias dessa natureza, isto é, Casa Civil, Governo, Fazenda, Planejamento, Gestão, Procuradoria e Defensoria. Por vezes, as secretarias de Planejamento e Gestão são fundidas em uma só. A Casa Civil representa o próprio Executivo, isto é, presidente, governador ou prefeito. A secretaria ou ministério de Governo às vezes é chamada de relações institucionais e lida com os demais poderes e, portanto, tem uma conotação política forte. No núcleo duro, existem muitos técnicos de confiança, pois elas precisam funcionar bem e também se precisa de confiança política.

FIGURA 10

No meio fica o bloco do desenvolvimento, que não é tão próximo nem do eleitor, que muitas vezes não entende sua importância, nem do político, que vê essas pastas como secundárias em termos de poder político e tamanho de orçamento. Aqui temos desenvolvimento econômico, ambiente (ou meio ambiente), assistência social, agricultura, cultura, esporte, turismo e ciência e tecnologia. Muitas delas podem ser combinadas entre si ou mantidas separadas dependendo do tamanho da entidade e do arranjo político. Nesse bloco é comum colocar os aliados que formam as coalizões de governo, uma vez que essas pastas são vistas como secundárias. Também é comum se criar pastas nesse bloco com o objetivo de acomodar novas alianças políticas. Isso faz os resultados obtidos das pastas desse bloco muito inconstantes e, por vezes, gera políticas contraditórias.

No geral, ao analisar os quatro blocos, nota-se que existe para um governante uma relação de compromisso entre a busca de maior alinhamento político e um maior profissionalismo na escolha das pastas. Se o governante optar por colocar em todas as pastas profissionais sem influência política, ele terá uma grande eficiência na execução das políticas públicas, mas um baixo alinhamento político, o que o fará ter dificuldades de governabilidade nas câmaras legislativas, ou seja, dificilmente aprovará qualquer item nelas. Por outro lado, se ele colocar apenas pessoas com influência política, terá um grande alinhamento político junto às câmaras, mas a qualidade da execução das políticas públicas será baixa, com grande quantidade de políticas e prioridades conflitantes.

A solução para essa relação de compromisso é um equilíbrio entre cargos ocupados por profissionais e os ocupados por pessoas com grande influência política. Existe uma outra solução, que é a de criar diversas pastas com função real ou não, e utilizar esses cargos como moeda de barganha. No entanto, isso tem duas desvantagens, uma é o aumento de custos em termos de cargos e salários, isto é, custos de pessoal, e a outra é um desalinhamento crescente das políticas públicas na medida em que algumas políticas se tornam contraditórias e surgem zonas de superposição entre as pastas.

A Figura 11 mostra de forma esquemática as relações de compromisso a serem escolhidas e a tendência natural à qual a política leva e que deve ser entendida e gerenciada pelo gestor público.

Aqui surge claramente a importância de que um governo faça logo no primeiro ano de seu mandato um planejamento estratégico para quatro anos, não só para estabelecer prioridades, mas também para evitar duplicidade de projetos e eliminar as áreas cinzas onde duas ou mais pastas poderiam atuar e também as lacunas em que nenhuma pasta atuaria.

Devo chamar a atenção aqui que, embora todas as políticas públicas sejam importantes, algumas são prioridades. Estabelecer prioridades é planejar, e quem não prioriza nada acaba pulverizando seus recursos, sejam eles dinheiro do orçamento, tempo de mandato ou capital político. Como tais recursos são limitados, um governante deve escolher o que priorizar e o que atuar cosmeticamente. As verdadeiras prioridades devem ser de duas a cinco, quanto menos melhor, pois maior é o foco e a concentração. Planos bons geralmente são simples e focados. O governante deve se perguntar logo no começo do mandato qual legado quer deixar para o futuro e como quer ser lembrado.

Relação de compromisso na montagem do governo

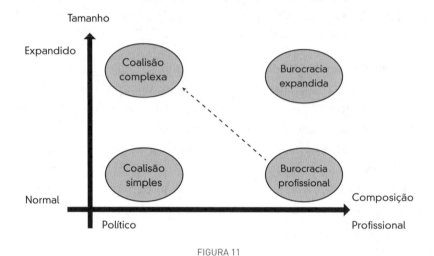

FIGURA 11

Nesse sentido, o governante deve sempre pensar que, para fazer algo por uma determinada política pública, ele deve tirar recursos de tempo, dinheiro e capital político de seu foco para dispersar em outra área. A pergunta que o governante deve se fazer não é se deve investir mais em uma determinada política pública, mas sim se deve investir menos em suas prioridades. A tentação de pulverizar recursos é grande e a pressão política para isso vai aumentando com o tempo de governo. O momento para tentar focar é o começo do mandato, e o esforço para manter esse foco é grande e desgastante. Eventualmente se tem de fazer concessões, mas elas devem ser uma exceção e não uma rotina. Sem um foco bem estabelecido, os anos do mandato passarão com o governante "enxugando gelo", isto é, apenas resolvendo os problemas da rotina, e nenhum legado será deixado.

Aqui é importante mencionar um modelo matemático simples de teoria da decisão chamado de paradoxo de Condorcet, que o identificou em 1797. O resultado do paradoxo não é intuitivo, pois é um paradoxo, mas é fundamental para quem quer tomar decisões em qualquer ambiente polítizado, seja em uma empresa privada ou, principalmente, em um ambiente de organizações públicas.

O ponto central do paradoxo de Condorcet é que, quando temos três ou mais decisores e três ou mais escolhas, não podemos garantir a transitividade das preferências, isto é, a escolha do grupo vai depender da ordem de votação e pode, portanto, ser manipulada. Isso pode ocorrer tanto em votações formais quanto em escolhas sem votação.

A importância dessa conclusão é fundamental para quem está tentando estabelecer prioridades e mantê-las ao longo do tempo.

A Tabela 2 mostra uma situação onde três indivíduos (P_1, P_2 e P_3) têm de escolher entre três opções (X, Y e Z). No topo da lista de cada um está a sua primeira escolha, depois a segunda preferência e no final a pior opção para ele. Ou seja, a Tabela 2 é uma tabela de ordem de preferência dos envolvidos.

O PARADOXO DE CONDORCET

	P_1	P_2	P_3
Primeira opção	X	Z	Y
Segunda opção	Y	X	Z
Terceira opção	Z	Y	X

TABELA 2

Note que os envolvidos podem ser pessoas, grupos de interesse, grupos de acionistas ou partidos. As opções podem ser a priorização de determinada política pública, a votação de uma lei ou a indicação de uma pessoa para um cargo. Enfim, pode ser um tipo de decisão qualquer.

Se observarmos a primeira opção de cada um, ocorre um empate entre as opções. O mesmo ocorre se observarmos a segunda e a terceira opções de cada um. Existe uma simetria na situação, que não é incomum em política.

A solução natural seria votar ou escolher aos pares entre as opções, isto é, X contra Y, Y contra Z, e X contra Z. Ao fazermos esse tipo de escolha, podemos observar que X é preferido a Y, pois dois dos grupos (P_1 e P_2) preferem X em detrimento de Y. Também podemos observar que Y é preferido a Z, pois novamente dois grupos (P_1 e P_3) preferem Y.

Logo, seria de se supor que, entre X e Z, houvesse preferência por X, mas não é isso que ocorre. Dois grupos (P_2 e P_3) preferem Z. Ou seja, não existe a transitividade das escolhas.

Se X é preferido a Y, e Y é preferido a Z, não necessariamente X será preferido a Z como seria de se supor. Na verdade, no caso do exemplo da Tabela 2, Z é preferido a X. Na prática, a opção vitoriosa depende da ordem de votação das escolhas.

O leitor pode estar confuso com o exemplo e o resultado pois ele é contraintuitivo, como foi explicado. Releia a explicação neste caso antes de seguir para o exemplo adiante.

Nosso exemplo é hipotético, mas baseado em situações reais. Imaginemos que, em um determinado país, existe uma situação-problema, tal como um conflito armado, uma doença endêmica, uma região que sofre com secas ou chuvas intensas o ano todo, ou um problema de falta de boa gestão escolar. A situação atual de crise é a opção X.

P_1 representa um grupo que não quer que o problema seja resolvido, seja porque faz oposição ao governo ou por ser um grupo que se beneficia do problema. P_2 representa um grupo que quer uma solução completa e definitiva do problema, mesmo que no longo prazo. P_3 representa um grupo que quer ver uma solução qualquer, de preferência no curto prazo.

Existem assim duas soluções propostas, Z, que é uma solução completa, mas que só dá resultado no longo prazo, e Y, que não resolve o problema, mas gera efeitos de curto prazo. A Figura 12 mostra as preferências entre X, Y e Z.

Exemplo de paradoxo de Condorcet

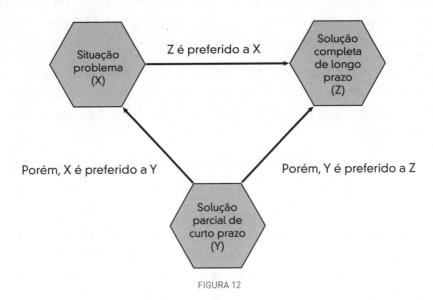

FIGURA 12

Intrinsecamente, entre dois planos, temos de escolher apenas um deles para implementar. Assim sendo, Y tem preferência a Z, que é descartado. Porém, quando Y vai ser implementado, ele não sai do lugar, pois X é preferido a Y. O resultado é que nada acontece e o problema se perpetua.

Um segundo exemplo é quando os planos para a solução não levam em conta as questões de curto e longo prazo, mas sim soluções mais ou menos radicais. Imagine agora que Z é um plano moderado que resolve o problema sendo bom para P_3, que é o mais prejudicado por X.

Entretanto, por inocência ou por malícia, surge um plano novo, Y. O plano é mais radical, e é inaceitável para P_2 por conta disso. Justamente seu radicalismo apela para P_3. Usualmente, tal tipo de plano é proposto por malícia por P_1, que tem mais a perder se a situação mudar de X para Z, ou, por inocência, ele pode ser proposto por P_3, ao buscar radicalizar seus interesses.

Intrinsecamente entre dois planos temos de escolher mais uma vez apenas um deles para implementar. Acontece que, entre Y e Z, o plano radical

Y é preferido, levando Z a ser engavetado. Porém, quando Y tenta ser implementado, nada acontece, pois, entre X e Y, X é preferido. O resultado é que a situação-problema continua, existe um plano não implementável e um plano que daria solução engavetado.

Moral da história, o processo de tomada de decisão pode sofrer com excesso de grupos e opções. Note que esse não é um problema de ideologia ou de política em si, mas meramente uma propriedade matemática das escolhas.

A implicação desse paradoxo é fortíssima. Um processo decisório pode ser manipulado pela introdução de novas opções, seja por malícia ou por inocência.

Note que isso pode ocorrer também com o tempo, na medida em que ao longo do mandato "surgem" novas opções. Deve haver um momento no qual se tomam as decisões e raramente se revisitam essas decisões a menos que haja um motivo forte para tal. Caso contrário, o paradoxo atuará seguidas vezes ao longo de um mandato, com opções cada vez mais radicais aparecendo para substituir as decisões anteriores.

Condorcet viu isso quando tentava construir uma legislação para a França revolucionária e percebeu o problema na constituição dos EUA. Pela constituição dos EUA, se duas novas propostas de lei (Y e Z) são apresentadas contra a lei vigente (X), as duas devem ser votadas uma contra a outra antes de apenas a vencedora ser votada contra a lei atual. Ou seja, o processo pode acontecer de forma análoga ao exemplo acima.

Nesse caso, Z é a nova lei que substituirá a lei atual (X). Mas, por malícia ou inocência, pode ser feita uma nova proposta (Y) que vence a nova lei (Z), mas perde para a lei atual (X), bloqueando o processo. Esse tipo de movimento tem o nome de "emenda assassina", ou *killer amendment* no original.

A conclusão de Condorcet é que o modelo democrático poderia ser manipulado e ele jamais chegou a uma solução para o problema. Na década de 1950, Kenneth Arrow generalizou o problema e mostrou que, para três ou mais decisores e três ou mais escolhas, não existe a possibilidade de um método que garanta a transitividade entre as escolhas. Essa generalização é chamada de teorema da impossibilidade de Arrow.

Como o leitor pode observar, essa é uma poderosa ferramenta da teoria da decisão, que contém muitas outras que são chaves para um tomador de decisão. Na Gestão Pública é comum existirem três ou mais partes, sendo: os partidos de uma coalizão governamental, ou facções dentro de um partido e a burocracia, que atua sempre com um envolvido adicional. Passamos agora a entender um pouco melhor essas partes, suas contradições e por qual razão essa dicotomia é necessária.

1.5. BUROCRACIA E DEMOCRACIA

Os Estados primitivos, isto é, os anteriores ao Estado Moderno, eram patrimônio de um monarca ou imperador e, por isso, dizemos que eles eram patrimonialistas, ou seja, eles tinham um dono. Com o aparecimento do Estado Moderno no começo da Revolução Industrial, no final do século XVIII e começo do século XIX, o Estado passou a ser da população, ou seja, dos cidadãos, que também eram os eleitores e indicavam seus representantes através do voto direto e indireto.

Entretanto, existiam algumas políticas públicas que exigiam um grau de especialização e profissionalismo e requeriam dedicação integral ao longo da vida. Inicialmente, a principal política pública onde isso ocorria era a da segurança nacional ou defesa, mas, com o tempo, a complexidade das tecnologias em geral, em particular as de administração, foram transformando todas as políticas públicas em áreas especializadas, onde se faz necessário um profissional.

Esse profissional é o burocrata, profissional do bureau ou mesa de escritório, um termo inicialmente usado para descrever um tecnocrata, mas que aos poucos pegou uma conotação também pejorativa.

No começo do século XX, quase todos os governos do mundo desenvolvido migraram para um governo burocratizado, ou profissionalizado. Isso gerou um salto de qualidade nos serviços públicos, mas também aumentou a contradição entre uma burocracia forte e uma democracia forte.

Na medida em que a burocracia se torna mais forte e autônoma, ela acaba fazendo a democracia menos importante, pois os representantes eleitos pela população acabam se transformando em meras figuras sem poder, já que a burocracia pode se autogovernar e virar quase uma casta à parte.

Por outro lado, se a burocracia for fraca demais, ela pode se tornar incapaz de executar as tarefas dadas pelos representantes eleitos ou, se estes quiserem fazer mudanças muito radicais ou buscar políticas de muito curto prazo, a burocracia pode ser incapaz de impedir medidas nocivas.

Nesse sentido, os dois grupos estão em uma oposição necessária, onde a burocracia representa os interesses do Estado e os objetivos de longo prazo, e os representantes eleitos representam os interesse de governo e os objetivos de curto prazo. O equilíbrio de poder entre os dois grupos garante um balanceamento entre os objetivos de longo e curto prazo, um problema sério também nas organizações privadas e não menos importante nas organizações públicas.

Na Figura 13, mostro alguns dos cenários possíveis combinando duas variáveis. No eixo horizontal temos a força da burocracia e, no eixo vertical, o nível de fragmentação política. Uma burocracia forte representa um grupo organizado e coeso que defende os interesses de longo prazo do Estado, mas também é altamente corporativista. Uma fragmentação política alta indica um grande número de partidos fracos que brigam pelo poder, enquanto uma baixa fragmentação indica poucos partidos muito fortes que disputam o poder se alternando de tempos em tempos.

Cenários de burocracia e fragmentação política

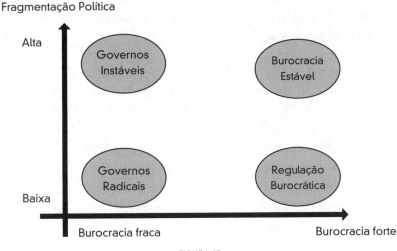

FIGURA 13

Os quatro cenários podem ocorrer e as sociedades podem alterar de um cenário para outro ao longo de tempo. O diagrama pode ser utilizado até para não democracias, entendidas como o caso extremo de baixa fragmentação política.

No cenário de Governos Instáveis temos uma série de pequenos partidos se alternando no poder e tendo coalizões em sequência que raramente duram, e a burocracia não é forte o suficiente para regular a situação e estabelecer um projeto de longo prazo. Assim se tem uma série de projetos governamentais e nenhum projeto nacional. Podemos argumentar que o Brasil nos últimos vinte anos tem vivido esse cenário. Na medida em que a burocracia brasileira tem se profissionalizado desde a Constituição de 1988, a tendência é sair desse cenário.

No cenário de uma Burocracia Estável, os partidos também não são fortes e têm de formar uma série de coalizões. Entretanto, a burocracia é forte e mantém um plano de longo prazo que segue adiante, estabilizando o país. Embora se tenha um projeto nacional, ele anda de forma inconstante. Podemos argumentar que alguns governos parlamentares da Europa, como a Alemanha, têm esse cenário. Ali, os partidos vivem tendo de fazer muitas coalizões e se alternam no poder, mas há uma burocracia forte que mantém um projeto de longo prazo.

No cenário de Governos Radicais temos uns poucos partidos, talvez apenas dois que se alternam no poder, e uma burocracia fraca que não consegue regular os exageros do governo e nem manter um plano de longo prazo. Isso gera governos com planos radicais e que usualmente destroem os avanços dos governos anteriores. Podemos argumentar que esse é o caso da maioria dos países subdesenvolvidos, onde existe uma burocracia frágil e fortes grupos de poder, por vezes apenas um grupo de poder, como no caso das ditaduras. Esse é o caso de onde quase todas as sociedades partiram em determinado momento.

No cenário de Regulação Burocrática temos uma burocracia forte e organizada que mantém um plano de longo prazo, mas, ao mesmo tempo, lida com uns poucos partidos muito fortes que, quando chegam ao poder, podem querer fazer planos radicais. Aqui, a burocracia atua como um agente regulador e uma resistência aos planos mais radicais, salvaguardando o longo prazo. O embate entre as duas forças é usualmente maior nesse cenário. Podemos argumentar que esse é o caso dos EUA, do Reino Unido e da França, onde temos poucos partidos fortes, mas também burocracias bem organizadas.

Dessa forma, vemos que tanto o burocrata de carreira quanto o indivíduo politicamente indicado — no caso do Brasil, os cargos em comissão — precisam entender que são profissionais da gestão e, portanto, agora passamos a analisar a profissão de gestor em si.

1.6. A PROFISSÃO DE GESTOR

A gestão como profissão existe desde que as primeiras tribos surgiram e a caça precisou ser organizada, mas, de maneira formal, ela surgiu nas unidades militares e migrou no final do século XIX para as outras políticas públicas. Com o surgimento da administração como ciência no começo do século XX, ela começou a se estruturar como uma profissão reconhecida.

Nosso primeiro debate é se a atividade da gestão é uma arte, um ofício ou uma ciência, e, nessa lógica, nos referimos a uma classificação comum dos campos do conhecimento entre esses três arquétipos. Note que uma ciência não é necessariamente melhor do que os outros dois tipos, apenas diferente.

A percepção corrente é que a administração, por ter surgido da amálgama de diversas outras profissões, tem aspectos dos três tipos. Isso se dá em boa parte por ela ser um campo do conhecimento que é em parte quantitativo e em parte qualitativo. As partes mais quantitativas, tais como operações e finanças, tendem a estar entre a ciência e o ofício, enquanto as mais qualitativas, tais como recursos humanos e liderança, tendem a estar entre a arte e o ofício. Algumas áreas, como marketing, estratégia e inovação, podem ser consideradas nos três tipos também.

No final das contas, essa discussão é importante para se saber se o gestor pode ser ensinado e treinado ou se existe um "dom" ou "talento" com o qual ele nasce e não pode ser ensinado nem treinado. Ciências e artes tendem a ter esse aspecto do "talento" e da "genialidade", mas, na verdade, a maior parte da profissão é um ofício onde as técnicas podem ser ensinadas e aprendidas.

Entretanto, nos níveis mais estratégicos, a profissão se torna parte ciência e parte arte, e o "talento" para lidar com pessoas e tomar decisões difíceis se torna mais crítico. Não é possível ensinar "talento", mas é possível despertar, identificar e estimulá-lo em uma pessoa.

A atividade da profissão do gestor pode ser descrita como sendo centrada em torno da tomada de decisão, como mostrado na Figura 14, que é adaptada da JFK School of Government, a escola de Gestão Pública de Harvard. Nela aparecem as três habilidades de um gestor, as quais giram em torno da tomada de decisão.

O triângulo das habilidades do gestor

FIGURA 14

A análise é a habilidade de estudar todos os dados qualitativos e quantitativos disponíveis e filtrar os relevantes para criar uma percepção razoável de qual é a situação enfrentada. Essa habilidade precede a tomada de decisão.

O gerenciamento, ou implementação, é a habilidade de, uma vez tomada a decisão, ser capaz de levar a cabo a linha de ação escolhida. Usualmente, isso é feito com recursos limitados de tempo, pessoal, influência e dinheiro. Essa habilidade sucede a tomada de decisão.

A argumentação é a tradução do original *advocacy*, e é uma tradução imperfeita. Essa é a habilidade de argumentar a favor ou contra uma decisão, antes, durante e depois de uma decisão ser tomada, não necessariamente impondo suas ideias e posições e nem submetendo-as, mas sim buscando a sinergia das opiniões existentes e criando um consenso em torno de uma decisão que é melhor do que as decisões individuais.

Nesse sentido, a decisão fica como uma quarta habilidade, a de decidir, em última análise um ato difícil e solitário. Essa é a habilidade de pesar qualitativa e quantitativamente toda a análise, julgar a viabilidade de implementação, criar um consenso em torno de uma decisão e fazer escolhas muitas vezes duras.

Decidir com calma e em situações com informações completas não é tão difícil, mas, no mundo real, a maioria das decisões é feita sob extrema pressão política e de tempo, o que faz o nível de erro aumentar muito.

Particularmente, eu gosto de traduzir esse triângulo nas competências essenciais do gestor, que são: analisar na complexidade, decidir na incerteza, implementar na escassez e trabalhar em equipe. Essas competências são necessárias a quase qualquer gestor em qualquer organização. Outras competências podem ser necessárias dependendo da especificidade da atividade.

Nesse sentido se faz necessário descrever para muitos leitores o que se entende por uma habilidade e uma competência, e para isso mostramos a Figura 15, que foi adaptada de um modelo do US War College e tem relação direta com a Figura 1.

A pirâmide como um todo determina como se forma uma competência. Ela se forma desde a base biológica, a qual é em boa parte nata do indivíduo, englobando as características pessoais, tais como força, inteligência, altura, deficiências, destreza manual e resistência física, e a atitude do indivíduo perante o mundo, a vida e a organização. Tanto as características pessoais quanto a atitude podem ser moldadas por uma organização, mas sua plasticidade é baixa e, se um indivíduo não tem o perfil para uma determinada função, existe pouco que possa ser feito.

Em cima dessa base biológica surgem os conhecimentos aprendidos, que têm uma natureza sociológica e são divididos entre o conhecimento abstrato e habilidade de pôr esse conhecimento em prática. Um sujeito pode ter muito conhecimento, mas não ser capaz de colocá-lo em prática, e, de outra forma, alguém pode ser capaz de fazer algo sem saber muito bem o porquê. Às vezes, essa dicotomia é descrita como teoria e prática.

A pirâmide das competências

FIGURA 15

É claro que ambas são importantes, mas o conhecimento permite redirecionar a prática caso as condições existentes se alterem. Ou seja, quando o mercado sofre uma mudança, a prática pesa contra quem não sabe teoria e não sabe criticar sua prática para se reinventar.

Finalmente, no patamar psicológico está o que de fato é desejado: o comportamento. Este, em última análise, depende da vontade do indivíduo. Por exemplo, os comportamentos de liderança e empreendedorismo não podem ser imputados em um indivíduo; ele precisa desejar ter tais comportamentos. Claro que ele o fará melhor se tiver as habilidades, o conhecimento, a atitude e as características pessoais para tal.

Em termos de treinamento, muitas vezes nos referimos ao CHA (sigla que representa conhecimento, habilidade e atitude), isto é, um treinamento deve ter os três componentes. Isso por si só já parte do pressuposto de que é possível alterar ou, pelo menos, influenciar a atitude, o que em si é questionável. As características pessoais podem ser requisitos para se indicar alguém para um treinamento e, mesmo quando não são, parte-se do pressuposto de que elas são de baixa plasticidade de qualquer forma. O comportamento é o resultado desejado que um treinamento deseja alterar ou aprimorar.

As competências necessárias ao longo de uma carreira mudam na medida em que se sobe na hierarquia. A Figura 16 mostra uma forma esquematizada de hierarquia através de uma carreira. Inicialmente se começa como técnico em uma política pública qualquer, usualmente decorrente das escolhas iniciais de profissão na juventude.

Se o indivíduo é competente, ele acaba sendo promovido para uma função gerencial para a qual ele tem pouco ou nenhum treinamento formal e cujas competências necessárias são diferentes daquelas que ele possui. Isso tira o indivíduo de sua zona de conforto e o força a se reinventar. Muitas vezes, sem treinamento formal, se adquire a habilidade sem o conhecimento. Isso é ruim pois se tende a repetir os comportamentos existentes sem repensar se eles ainda são as melhores práticas.

Eu chamo essa passagem de "a maldição de Taylor", que foi um dos fundadores da administração científica e era um engenheiro, isto é, toda pessoa competente acaba virando gestor, queira ou não. No caso específico do engenheiros, como foi minha origem, eu brinco que um engenheiro é um sujeito bom demais para perder tempo com engenharia. Eu estimo que menos de 10% das pessoas consegue fazer essa passagem de um cargo técnico para um gerencial.

Entretanto, se o indivíduo for muito competente, ele será obrigado a fazer mais uma passagem, dessa vez de gestor para estrategista, e novamente sairá de sua zona de conforto. Mais uma vez ele terá de se reinventar e buscar desenvolver novas competências, muitas vezes sem treinamento formal.

A estrutura da carreira

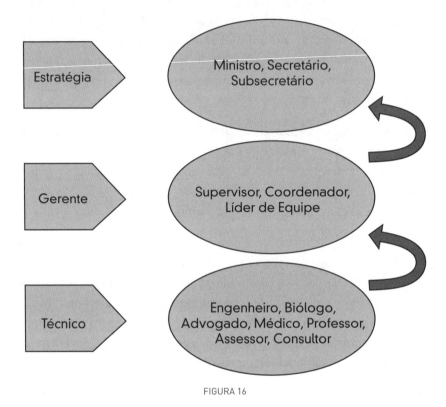

FIGURA 16

Aqui eu chamo de "maldição do comando", onde o indivíduo precisa se distanciar de seus subordinados para saber demiti-los, dar ordens duras e até os punir. Isso costuma fazer da posição do estrategista uma posição muito solitária e, por vezes, amarga. Estimo que cerca de 20% dos gestores conseguem se transformar em estrategistas, ou seja, 2% dos técnicos.

Para entender melhor a diferença entre os perfis do estrategista e do gestor, eu recorro a uma organização onde a situação é extrema, que é um submarino. Ali, o comandante, que é o estrategista, fica quase a totalidade do tempo com os olhos se dividindo entre o periscópio e o sonar. Ele raramente vê algo dentro do navio. Sua atenção está voltada para fora da organização e como ela se insere no ambiente competitivo.

Sempre que se faz necessário mudar de curso e velocidade ou disparar uma arma, ele repassa as ordens para seu imediato, que é o gestor. O imediato não faz a menor ideia do que está ocorrendo fora da embarcação, mas precisa executar as ordens e as repassa para seus diversos subordinados na casa de máquinas, sala dos torpedos ou passadiço.

Se houver um problema na casa das máquinas e não for possível atingir a velocidade pedida pelo comandante, o pior que pode acontecer seria o comandante sair de seu posto e ir verificar o que está acontecendo na casa de máquinas. Isso deixaria a organização cega e acéfala. A resposta do comandante deve ser um plano alternativo ou, mais comumente, um tradicional "se vira".

Note, assim, que a tarefa do estrategista é um olhar para fora da organização, enquanto o gestor tem um olhar para dentro da organização. Eles se complementam, mas têm competências e funções diferentes.

CAPÍTULO 2
EVOLUÇÃO DO ESTADO

Como vimos anteriormente, organizações coevoluem ao longo do tempo, tornando-se cada vez mais complexas. Esse é o motivo do Estado contemporâneo ser tão complexo e difícil de compreender em sua totalidade. Acontece que ele não surgiu dessa forma e nem atingiu sua forma final, pois a coevolução continua.

Neste capítulo, retraçaremos os principais desdobramentos do processo de formação do Estado para entender como chegamos no estágio atual. Dessa forma, este capítulo responde as perguntas de onde viemos e como somos hoje.

Talvez mais importante seja desmistificar que existe um Estado perfeito; na verdade, ele é um ser em coevolucão e, portanto, em eterna reforma. Também se desmistifica que exista alguém, ou algum grupo, que tenha formulado o Estado para seus propósitos. Na verdade, o Estado é um construto de milhares de anos, de dezenas de civilizações, e não é uniforme no mundo inteiro.

Nosso modelo divide os Estados em três gerações que se seguiram linearmente e também analisa que cada uma dessas gerações teve subtipos e fases de evolução que não foram uniformes em todo o mundo. O modelo também assume que um Estado é fundamentalmente uma rede de cidades que interagem. Isso está calcado na teoria das redes, dos sistemas e da complexidade, e também nos trabalhos de Modelski (2003), Castells (2000) e Kaufman (1995). Para Tilly (1994), os Estados interagem por meio do comércio e da guerra. Entendemos tal interação como sendo um processo coevolutivo de formação de redes.

As três fases estruturais típicas de uma rede

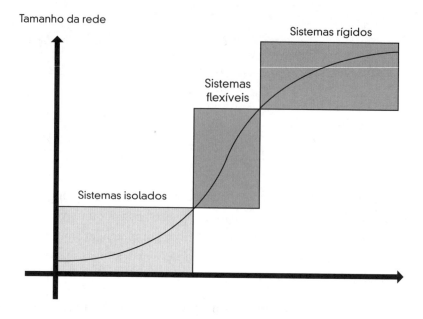

FIGURA 17

Segundo a teoria da complexidade, na medida em que uma rede aumenta o número de conexões por nó ou, no nosso caso, de interações por cidade, ela muda de tamanho inicialmente de forma lenta e então explosiva para depois estabilizar. Existem assim, de forma simplificada, três fases estruturais típicas de uma rede: a de sistemas isolados, a de sistemas flexíveis e a de sistemas rígidos. A Figura 17 ilustra a situação através da curva em "S" de Kaufman (1995).

Inicialmente, o sistema de redes de cidades se inicia como uma série de sistemas isolados, sejam eles cidades-estado ou feudos que têm pouca interação. O sistema é uma colcha de retalhos de sistemas menores que não formam um todo coerente.

Na medida em que aumenta o número de conexões por nó, ou seja, o nível de interação do sistema, ele cresce de tamanho rapidamente, mas as conexões ainda são flexíveis e o sistema é adaptável, o que o permite coevoluir sem dificuldades. Esse é o ponto ideal, onde existe confusão e caos no sistema, mas, ao mesmo tempo, isso confere ao mesmo flexibilidade. Diz-se que o sistema existe na "beira do caos".

No entanto, a tendência é que o sistema se amplie uma vez que seja eficiente e se torne rígido ao aumentar, ainda mais, o número de conexões por nó. Nesse momento, o sistema se torna rígido e extremamente estável, o que, embora seja bom por um lado, o impede de se adaptar e coevoluir, isto é, o sistema entra em estagnação.

Se existirem outros Estados em suas margens, eles pressionarão o sistema estagnado, que terá de se flexibilizar, rompendo parte de suas conexões, ou ele entrará em um total colapso e se transformará novamente em sistemas isolados, que podem vir a ser absorvidos por outros Estados.

Se não houver outros Estados em sua margem, o Estado se tornou hegemônico em seu ambiente e também parou de evoluir, entrando em estagnação de forma mais clara. A pressão virá de dentro e levará provavelmente um tempo maior até resultar no mesmo final, que é o colapso total para sistemas isolados ou parcial para um sistema flexível.

Ou seja, no longo prazo, essa situação de um sistema rígido é insustentável, e os sistemas ficam oscilando entre grandes e rígidos, e menores e mais flexíveis.

Isso levou os Estados a coevoluírem através de sucessivas ondas, ciclos ou gerações, conforme o autor preferido. Nossa síntese será de três gerações de Estados, cada geração tendo seus ciclos menores.

A primeira geração vai do período Mesolítico até o Império Sumério, ou seja, de cerca de 7.000 a.C. até cerca de 2.000 a.C., e engloba a primeira rede de cidades a surgir. A segunda geração vai do surgimento de diversas redes regionais de cidades na Europa, Oriente Médio, Índia e China por volta de 2.000 a.C. até a formação de grandes impérios, ou redes rígidas, e seu colapso, gerando a Idade Média, entre os anos 500 e 1.000 d.C. A terceira geração será a mais pormenorizada e estudada, e vai do surgimento do Estado-nação e das federações na Europa medieval, além do capitalismo moderno no Oriente Médio, por volta do ano 1.000 d.C. até os nossos dias.

Na primeira geração temos um sistema local limitado à bacia da Mesopotâmia; na segunda, uma série de sete sistemas em sete regiões do mundo — Europa, Oriente Médio, Índia, China, América do Norte e Central, América do Sul e África Subsaariana. Esses sistemas estavam fundamentalmente isolados. Na terceira geração temos um sistema global que começa a se formar por volta do ano 1.000 a.C. e vai atingir um salto de integração com as grandes navegações e coevoluir cada vez mais para se transformar em um único sistema.

Na parte final da terceira geração podemos nos valer dos modelos de ciclos hegemônicos de Arrighi (1998) e nos ciclos tecnológicos de Kondratieff, utilizando uma adaptação deste autor baseado em Freeman e Perez (1988). Os ciclos hegemônicos são descritos de 1492 até hoje, e os ciclos e Kondratieff desde 1770 até hoje, embora Modelski estenda esses ciclos do século X até nossos dias. A Figura 18 resume o modelo.

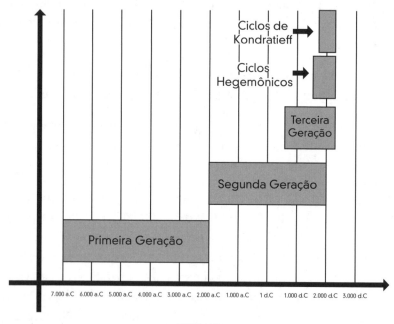

FIGURA 18

No Capítulo 5, analisaremos o futuro de Estado e como uma potencial quarta geração pode surgir.

2.1. PRIMEIRA GERAÇÃO — A ORIGEM DO ESTADO

O processo de coevolução começou com a vida na Terra, bilhões de anos atrás, e levou os seres biológicos em um processo de crescente complexidade. Por volta de seis milhões de anos atrás surgiu um grupo de hominídeos na África que atuava em bando e tinha reprodução sexuada.

Há cerca de quatrocentos mil anos, o *Homo erectus* já dominava o uso do fogo, o que alterou radicalmente a situação dos hominídeos que começaram a se transformar em superpredadores. Os *Homo sapiens* surgiram por volta de duzentos mil anos atrás em sua forma anatômica atual. O surgimento deles é coincidente no tempo com um gargalo populacional chamado de "Eva mitocondrial". Houve um segundo gargalo populacional por volta de cento e quarenta mil anos atrás que é chamado de "Adão cromossomial". Por volta de cinquenta mil anos atrás, os humanos modernos já exibiam seus comportamentos atuais.

No final da última glaciação, por volta de 10.000 a.C., os humanos tinham extinto quase toda a megafauna, e seus competidores no ambiente não eram mais animais, mas outros grupos de humanos, ou seja, a coevolução começou a ocorrer entre grupos sociais. Isso aconteceu entre 10.000 a.C. e 7.000 a.C, ao que se chama de período Mesolítico. A revolução do Neolítico se deu com a introdução da agricultura, domesticação de animais e fixação em assentamentos permanentes.

Foi nesse momento que começou a surgir o Estado. A primeira função, conforme descrita anteriormente, foi a de defesa, com o surgimento de muralhas e torres. A sociedade humana começou a formar as primeiras profissões, tais como agricultor, pastor, soldado, sacerdote, artesão e nobre. Assim, como em um organismo biológico, começaram a surgir os tecidos especializados, pois a especialização tem vantagens em produtividade. Isso se chama de sociedade estratificada. A segunda função do Estado é a de justiça e, no começo, os soldados também agiam como policiais, e os sacerdotes como juízes. Assim, além da sociedade civil, surgiu o Estado como uma segunda grande instituição.

Entretanto, os soldados e policiais guardavam um poder assimétrico, pois eram donos do que se chama de monopólio dos meios de violência. Os Estados iniciais eram sempre Estados policiais. Para legitimar um nobre sem habilidades marciais era preciso que ele tivesse um poder outorgado por uma instância superior, e assim surgiu a necessidade de estabelecer os líderes como descendentes divinos, e o Estado começou a se confundir com a religião.

Por volta de 4.000 a.C. surgiu a civilização Suméria, que foi a primeira grande civilização a formar uma rede de cidades. Modelski (2003) coloca Eridu como sendo a primeira cidade a atingir o valor limite de dez mil habitantes, por volta de 3.700 a.C. Modelski (2003) também mostra a formação da rede do núcleo de Uruk por volta de 3.500 a.C.

Aqui a sociedade já era estratificada e o poder do Rei se confundia com um poder divino que permitia a ele manter a coesão da sociedade sem precisar ter o monopólio das armas. Somente dessa forma as diversas cidades podiam formar uma rede coesa que formava um reino. As cidades eram centradas em torno do templo em forma de zigurate, ou pirâmide, e o Estado se confundia com a religião na medida em que o poder divino legitimava o Rei.

A formação de uma rede de cidades pode ser interpretada como um ponto onde a complexidade aumenta para um novo estágio nunca antes alcançado. Ao aumentar a segurança das vias de comunicação, se reduzem os custos de transação e se viabiliza o surgimento do mercado como uma nova instituição importante.

Conforme mostrado anteriormente, Fischer (1996) aponta que o surgimento da moeda foi concomitante com o do comércio de longa distância e da linguagem cuneiforme. Ou seja, a formação de uma rede de cidades permitiu que fosse viabilizado o comércio de longa distância e, com isso, o mercado, que passou quase que imediatamente a ser regulado pelo Estado através da moeda e das instituições bancárias. O local da vida financeira inicial da sociedade eram os templos, que serviam de bancos, cobradores de impostos e locais de adoração. Assim surgiu a terceira função do Estado, que é a de regular o mercado.

Se entendermos a linguagem e a moeda como tecnologias da informação, sua padronização serve para baixar os custos de transação, e assim o Estado tem um estímulo para forçar sua padronização de maneira a obter ganhos econômicos. Isso fez a Suméria ser a primeira civilização de grande porte, e a primeira a criar uma rede de cidades em vez de uma cidade-
-estado isolada.

Seria de se supor que, uma vez atingido tal estágio, os ganhos de escala levariam a Suméria a se expandir e a se desenvolver sem limites pelos próximos séculos até atingir proporções globais, e que hoje toda a humanidade viveria sob a liderança de um imperador sumério, mas não foi isso que ocorreu.

Ao atingir a hegemonia na bacia da Mesopotâmia, a Suméria deixou de ter pressão evolutiva e de coevoluir, entrando em estagnação e, eventualmente, decadência. Estados em sua margem começaram a coevoluir entre si e em certo momento a superaram. Esse fenômeno que ocorreu pela primeira vez com a Suméria viria a se repetir desde então.

Esse modelo de desenvolvimento de um centro irradiador e periferias receptoras que se inverte na medida em que o centro atinge uma maturidade e se torna rígido e inflexível pode ser explicado pela teoria das redes e teoria da complexidade.

Conforme mostrado anteriormente, a rede de cidades da Suméria passou pelos três estágios de uma rede. Uma cidade isolada (Eridu) se expandiu para uma rede flexível de cidades em torno de Uruk e acabou entrando em estagnação ao se transformar em um sistema rígido. Ou seja, a primeira geração seguiu exatamente o que o modelo de teoria das redes e da complexidade prevê.

2.2. SEGUNDA GERAÇÃO — O ESTADO CLÁSSICO

A segunda geração de redes de cidade e de Estados não se limitou à Mesopotâmia, sendo formados pelo menos mais quatro centros irradiadores na Europa do Sul, no Norte da África, na Índia e na China. Enquanto a formação do Estado desde o Mesolítico até a queda da civilização Suméria levou cerca de cinco mil anos, desde cerca de 7.000 a.C. até por volta de 2.000 a.C., a segunda geração coevoluiu até a Idade Média, por volta do ano 1.000 d.C., ou seja, por cerca de três mil anos.

Nessa geração, a quantidade de Estados foi muito maior e o nível de complexidade aumentou muito. Entretanto, a tendência ao ganho de escala e à padronização continuaram em todo o mundo, levando à formação de grandes impérios em duas ocasiões durante essa geração. O Império Helênico de Alexandre e o Império Romano no Ocidente, os Impérios das Dinastias Qin e Dinastia Han na China, e os Impérios Maurya e Império Gupta na Índia. Por duas vezes, impérios foram formados e, em seguida, se desestabilizaram. Entretanto, tal consolidação em grandes impérios não foi nem linear, nem rápida.

Aristóteles (2007) foi um dos primeiros a estudar os Estados, sua formação, seus tipos, suas vantagens e desvantagens, e a forma pela qual entram em crise. Segundo sua classificação, existiam três tipos de Estado: o governo de uma pessoa, o governo de algumas poucas pessoas e o governo de muitas pessoas. Tal classificação simples levava a diversos subtipos, tais como realeza, tirania, aristocracia, oligarquia, república e democracia (ou demagogia). Os exemplos de Aristóteles nos revelam a riqueza e diversidade de Estados que existiram em seu tempo e antes dele.

Sob um ponto de vista coevolucionista, podemos entender o Estado como tendo se diversificado para ocupar os diversos nichos geográficos e se adaptar em uma busca de um tipo que fosse superior aos outros. Isso ocorreu na forma dos grandes impérios, que podem ser entendidos como análogos dos superpredadores e que causaram um desequilíbrio do sis-

EVOLUÇÃO DO ESTADO

tema, levando-os à estagnação e decadência e, consequentemente, à sua queda, que levaria à Idade Média.

Porém existiram muitas inovações importantes nesse período que serviriam de base para o futuro e que estão presentes até hoje, tais como a formação de Repúblicas e dos códigos de leis, a burocracia inicial, os exércitos profissionais e a diplomacia.

No Ocidente, a herança greco-romana está presente no Estado até hoje, bem como, no Oriente, a influência da Dinastia Han se estende para além da China. Quando nos referimos à burocracia, usualmente pensamos no modelo dos Han. Quando pensamos em exércitos e leis, pensamos nos romanos. E quando pensamos em uma república, nos vem à mente a República Romana.

Nesse período surgiram diversas formas de padronização de tecnologias da informação, tais como o alfabeto fenício, os números romanos e, mais tarde, os algarismos indo-arábicos e a álgebra, que só viria a se tornar difundida no Ocidente no final da Idade Média. Mais uma vez, a busca da redução dos custos de transação induziu a padronização de meios de troca.

Aqui é também importante notar que houve um grande avanço no sentido de reduzir os custos de transação logísticos com a formação de redes de estradas e o controle das bacias marítimas, tais como a bacia mediterrânea. O primeiro a perceber a importância do mar para a estratégia de um Estado foi o almirante ateniense Themistocles, ao afirmar que 'quem controla o mar, controla tudo'. Podemos interpretar as guerras entre Roma e Cartago como tendo sido a disputa pela supremacia no Ocidente, e elas foram fundamentalmente decididas pelo controle do mar quando este passou de uma supremacia cartaginesa para uma supremacia romana durante a Segunda Guerra Púnica.

Assim, a quarta e a primeira função do Estado atingiram uma grande sinergia, pois, na medida em que o sistema viário e o poderio naval reduziam os custos de transação, também levavam a um poderio militar maior. Quem tinha mais poder econômico obtinha mais poder militar, e vice-versa, criando um ciclo de alimentação positiva que levou os grandes impérios a se tornarem dominantes em suas regiões.

Isso fez o sistema evoluir de pequenas redes de cidades para extensas redes de cidades, gerando os grandes impérios Romano, Gupta e Han.

Se imaginarmos o mundo pelo modelo das sete "ilhas" mostrado na Figura 19, poderemos perceber que o Império Romano estabeleceu a hegemonia em duas delas, enquanto os impérios Gupta e Han estabeleceram a hegemonia em uma ilha cada. As três ilhas restantes continuaram com sistemas isolados com Estados de primeira geração durante esse período.

O modelo das sete "ilhas"

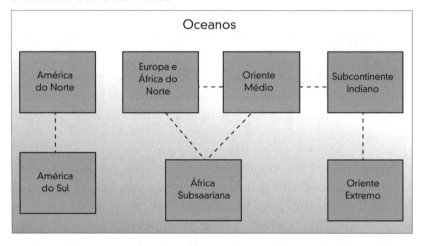

FIGURA 19

Esse modelo é uma simplificação da geografia mundial para facilitar o entendimento. Mais especificamente, ele é uma parametrização do terreno onde os sistemas se organizam em um número mínimo de unidades. Modelos mais complexos são possíveis, mas nosso interesse aqui é fazer essa parametrização da forma mais simples possível. Note que os oceanos no modelo ligam as ilhas, mas estes ainda não são utilizáveis como meio de comunicação durante esse período. Por isso, em vez de um sistema global, o que se tem são regiões relativamente isoladas, aqui denominadas de "ilhas". As linhas pontilhadas indicam a possibilidade de interação militar e comercial limitada devido às distâncias e barreiras geográficas.

Novamente, o modelo de teoria das redes e complexidade foi seguido razoavelmente bem, embora não de forma perfeita.

2.3. TERCEIRA GERAÇÃO — O SISTEMA GLOBAL DE TROCAS

A queda dos grandes impérios, ou ruptura dos sistemas rígidos, não se deu de forma uniforme e nem ao mesmo tempo, mas houve uma ruptura generalizada das redes de cidades formadas no período clássico, que permitiu um rearranjo da rede em uma nova configuração, particularmente na Europa Ocidental.

Modelski (2005) aponta para o sistema global tendo iniciado por volta do ano 930 d.C., porém a maior parte dos autores concorda que a descoberta das Américas em 1492 d.C. é a data chave onde o sistema se torna de fato global. Nosso entendimento é que, em termos do Estado, a terceira geração começou com o fim do império de Carlos Magno, ou Carolíngeo, e com o início da revolução urbana árabe, ambos eventos ocorrendo no século IX. Com isso, se formaram as condições para que uma nova rede global se iniciasse.

Assim sendo, o período do século X até 1492 é de transição e preparação de estruturas fundamentais para a terceira geração de Estados. Após 1492, o sistema global surgiu em sua forma plena envolvendo todos os continentes.

Durante esse período de transição ocorreram quatro eventos fundamentais: o surgimento da primeira federação, o surgimento do Estado-nação moderno, o surgimento do capitalismo moderno e as invasões mongóis, que puseram o Ocidente em uma posição vantajosa em relação aos seus competidores potenciais.

Nossa análise irá, a partir daqui, introduzir o conceito e arcabouço dos ciclos hegemônicos do sistema global, então analisaremos o período de transição, para depois partirmos para as formas mais modernas de Estado, todas consideradas dentro da terceira geração: o Estado Colonial, o Estado Mercantil e o Estado Moderno — este último será ainda mais detalhado seguindo o arcabouço dos ciclos tecnológicos ou de Kondratieff.

2.3.1. Ciclos Hegemônicos

A teoria do ciclos hegemônicos evoluiu nas últimas décadas a partir de historiadores que pensavam na história de longa duração. Sua origem é provavelmente Fernand Braudel, mas o autor que mais elaborou sobre o tema recentemente foi Arrighi (1996, 2001).

Segundo a lógica dos ciclos hegemônicos, o sistema global é um sistema complexo e, portanto, regido pela teoria da complexidade. O sistema precisa de uma rede de Estados que se aliam, criando estabilidade no sistema, o que gera uma redução nos custos de transação e faz o sistema prosperar. Entretanto, essa estabilidade não dura para sempre e o sistema eventualmente entra em crise e fica instável no período de transição hegemônica. Depois disso, ele volta a obter uma nova estabilidade através de uma nova hegemonia.

Ou seja, o modelo de Arrighi é compatível com a lógica exibida antes de sistemas complexos que atingem a rigidez e entram em instabilidade, voltando para a "beira do caos" e se reorganizando. Assim sendo, os ciclos hegemônicos são exatamente o mesmo fenômeno exibido antes.

Arrighi (1996) criou um arcabouço para explicar os ciclos desde 1492 d.C. com quatro ciclos hegemônicos e três guerras de transição. Entretanto, aqui combinamos os trabalhos de Abu-Lughod (1989), Kennedy (1989), North e Thomas (1993), Levathes (1994), Landes (2003) e Modelski (2005), criando assim o modelo da Tabela 3.

Na Tabela 3, o modelo de Arrighi aparece sombreado, enquanto o período de transição aparece com o fundo claro. Nesse período nunca houve uma hegemonia nem mesmo na Eurásia, pois as dificuldades de comunicação impediam que isso ocorresse. Abu-Lughod (1989) mostra como existiam oito circuitos de comércio no período de 1250–1350, que se relacionam com as quatro "ilhas" da Eurásia, do modelo de sete ilhas da Figura 19.

O MODELO DOS CICLOS HEGEMÔNICOS

Sistema	Tipo	Período	Descrição	Fonte
Eurasiano	Período de transição	9300–1200	Revolução árabe	Modelski, 2005
	Período de transição	1200–1250	Invasões mongóis	Modelski, 2005
	Período de transição	1250–1350	Sistema policêntrico	Abu-Lughod,1989
	Período de transição	1350–1433	Navegação chinesa	Levathes, 1994
	Período de transição	1433–1492	Navegação europeia	North e Thomas, 1993
Global	Hegemonia global	1492–1618	Gênova – Habsburgos	Arrighi, 1996
	Guerra de transição	1618–1648	Guerra dos Trinta Anos	Arrighi, 1996
	Hegemonia global	1648–1785	Holanda	Arrighi, 1996
	Guerra de transição	1785–1815	Guerras Napoleônicas	Arrighi, 1996
	Hegemonia global	1815–1914	Reino Unido	Arrighi, 1996
	Guerra de transição	1914–1945	Guerras Mundiais	Arrighi, 1996
	Hegemonia global	1945–2065?	EUA	Arrighi, 1996

TABELA 3

Note que, no modelo de Arrighi (1996), depois de 1492 existiram três hegemonias que duraram respectivamente 120, 140 e 100 anos, dando uma duração média de 120 anos. Isso permite prever que, hipoteticamente, a hegemonia dos EUA duraria em média 120 anos, ou seja, até 2065.

Todas as potências hegemônicas foram potências navais, indicando que o poder de controlar os oceanos sempre foi central para estabilizar o sistema e criar um vínculo entre o poder militar e o poder econômico mais uma vez. Mahan (1987) afirma que o poder naval é o que garante a troca de longa distância e, com isso, reforça a lógica de Themistocles. Entretanto, desde o século XX, os meios de troca aéreo e eletromagnético também se tornaram relevantes, e cada vez mais o meio espacial cresce em importância.

Todas as potências hegemônicas estavam em formação durante o período hegemônico anterior. A Europa dos Habsburgos e Gênova se consolidava enquanto os chineses da Dinastia Ming dominavam os mares no final século XIV e começo do XV. A Holanda era parte do Império Habsburgo e ainda uma colônia quando os Habsburgos estavam no auge. O Reino Unido ainda estava em processo de unificação durante a hegemonia holandesa, e os EUA ainda estavam em sua marcha para o oeste durante a hegemonia do Reino Unido.

Todos as guerras de transição foram uma série de conflitos entre Estados com fundamentos ideológicos opositores. Uma ideologia mais centralizadora e rígida, e outra mais liberal e flexível. No início, a mais centralizadora tinha vantagem, mas, no longo prazo, a flexibilidade da mais liberal permitiu a ela se adaptar mais rapidamente à pressão evolutiva e ela acabou sempre vencendo.

A Guerra dos Trinta Anos foi o embate entre o colonialismo e o mercantilismo. As Guerras Revolucionárias ou Napoleônicas foram a disputa entre os ideais monárquicos e os republicanos. As Guerras Mundiais, já com a humanidade claramente sedimentada no industrialismo, foram um duelo entre duas maneiras de gerenciar a sociedade, visando otimizar o desenvolvimento industrial: uma mais centralizadora, representada pelas monarquias e ditaduras, e outra mais liberal e flexível, representada pelas democracias.

Aqui mais uma vez se percebe a lógica da teoria dos sistemas e da complexidade funcionando. Sistemas rígidos são formados e têm vantagens de curto prazo, mas são inaptos a se adaptar, algo que é melhor feito por sistemas flexíveis "na beira do caos". Assim sendo, os modelos de organização liberais têm vantagens em períodos de crise pois são mais adaptáveis, enquanto os modelo rígidos têm vantagens em períodos de relativa estabilidade. Forma-se assim um duelo entre as duas estruturas típicas, que resulta na formação dos ciclos.

Nosso interesse nos ciclos, entretanto, será o de utilizá-los para estabelecer um quadro de evolução do Estado em cada uma das hegemonias, seguindo o trabalho feito em Alves (2010).

2.3.2. O Período de Transição — Séculos X a XV

Conforme dito, o período de transição foi fundamental para estabelecer as bases do que viria a ser o sistema global de trocas e o surgimento das formas de Estado mais recentes. Ainda não existia uma conexão estável e intensa com as Américas nem com a África Subsaariana. Portanto, era um sistema Eurasiano e, nesse sentido, o Norte da África faz parte da Eurásia.

Veremos agora as quatro bases surgidas nesse período que estruturariam o sistema global de trocas.

O Capitalismo Moderno

Braudel (1993) é um dos principais autores que revela como o capitalismo moderno surgiu no Oriente Médio. Os califados de Damasco e Bagdá não podiam depender da agricultura, que era pouco eficiente. Surgiu, assim, um sistema baseado no conhecimento dos livros e com uma classe que vivia nas cidades — uma classe que não vivia nem da terra e nem era nobre, ou seja, uma classe média. Na Alemanha do século XIII, eles seriam chamados de burgueses, por serem os cidadãos dos burgos, ou cidades. No Oriente Médio, eles eram chamados de profissionais liberais por viverem dos livros, ou libros.

Assim, surgiu a primeira sociedade que vivia do conhecimento, algo intangível e invisível, uma nova economia. Isso ocorreu em uma revolução urbana começada no Oriente Médio. Essa revolução se espalhou para o Ocidente através das Cruzadas e atingiu as cidades-estado italianas de Gênova, Veneza, Florença e Milão, e daí se espalhou por toda a Europa.

Os árabes protagonizaram uma verdadeira revolução tecnológica, cultural e científica. Isso incluiu também uma revolução na agricultura, com a domesticação de plantas tropicais e a introdução de moinhos de água; e uma revolução na matemática, com o desenvolvimento da álgebra e do sistema numérico indo-arábico, muito mais eficientes para lidar com frações, juros, multiplicações e divisões.

As instituições financeiras e de comércio surgiram naturalmente na medida em que o comércio de longa distância se intensificava e os árabes dominavam a navegação do Mar Mediterrâneo, Oceano Índico e Mar do Sul da China. Assim, surgiram os modernos bancos, seguradoras e bolsas de mercadorias. Braudel (1993, p. 63–64) mostra que no Cairo do século XI já existiam todas as formas de crédito, pagamento, comércio e associação.

Tamanha revolução fez o Islã aumentar de importância e se expandir por toda a Eurásia e África, desde a Península Ibérica até a Indonésia, e, com isso, levar tais tecnologias para cantos distantes do mundo. O Ocidente absorveu boa parte das tecnologias árabes em todas as suas dimensões, mas foram as cidades-estado italianas que, sem grandes quantidades de terra para desenvolver a agricultura, foram obrigadas a absorver o capitalismo de forma mais intensa.

As Origens da Federação

A queda dos diversos impérios em todo o mundo não foi igual e, no caso do Ocidente, uma estrutura que sobreviveu foi a Igreja Católica, que tinha uma estrutura burocrática com entrada aberta a todos e ascensão baseada em critérios razoavelmente meritocráticos, uma vez que não haviam linhagens ou dinastias.

Mas foi na Alemanha que surgiu o embrião do que viria a ser nos dias de hoje as federações através do Sacro Império Romano, que, como nos lembram os historiadores, não era nem sacro, nem império e nem romano. Na verdade, uma série de baronatos, condados e ducados resultantes

EVOLUÇÃO DO ESTADO

da fragmentação do Império de Carlos Magno que se diziam os herdeiros desse império e começaram a criar uma aliança que era o embrião da federação moderna.

Existiam os sete eleitores que decidiam quem seria o Rei, que se tornava Imperador depois de coroado pelo Papa. Tais cargos eram vitalícios. Assim sendo, os feudos tinham uma certa herança de Estado e burocracia vinda da Igreja e uma estrutura que se assemelhava ao período áureo do Império Romano, onde o Imperador indicava seu sucessor em vez de seguir a linha familiar.

Existia um corpo legislativo (Reichstag) formado por três câmeras legislativas e, teoricamente, superior ao Imperador. O conselho dos eleitores e o conselho dos príncipes representavam os Estados, sendo que o conselho dos príncipes tinha representantes eclesiásticos (da igreja) e seculares (nobres). O conselho das cidades imperiais tinha menos poder e, de certa forma, representava a população através das cidades. As cidades livres foram admitidas depois da Paz da Westphalia, em 1648, o que indica que essa estrutura não surgiu pronta, mas evoluiu por mais de seiscentos anos.

A Paz da Westphalia em 1648 criou a forma final de federação e muitas vezes nos referimos ao Estado Moderno como sendo um Estado Westphaliano, no sentido de que ele tem câmeras de representação, e o presidente ou primeiro-ministro não dirige sozinho, mas com a composição de outros poderes, usualmente o legislativo e o judiciário, mas também, dependendo da situação e de como se consideram os poderes, do poder religioso e do poder da imprensa.

Modernamente, as federações evoluíram para diversos formatos, mas todos têm sua origem no Sacro Império Romano. Usualmente temos três poderes, sendo que o legislativo tem duas câmaras, uma que representa os entes federados, isto é, os estados subnacionais, e uma que representa a população. O executivo pode ser eleito diretamente pela população ou indiretamente pelo legislativo, e pode ter um mandato fixo ou não. O mais comum é que o executivo seja subordinado ao legislativo, pelo menos no papel. Essa é a estrutura de governança Westphaliana, onde o Imperador era subordinado ao Reichstag. O poder judiciário fica à parte desses dois e os vigia, sendo um poder auditor e, de certa forma, remontando ao poder da Igreja no Sacro Império Romano.

O Estado-Nação

Em paralelo ao surgimento da federação ocorreu o surgimento dos Estados-Nação, também na Europa com o surgimento do nacionalismo em detrimento das cidades-estado. Um Estado-Nação é basicamente uma rede de cidades-estado com propósitos em comum e que se autogovernam sob uma única liderança. A origem deles está no século X, quando as redes de cidades começaram a se formar com as caravanas de longa distância e depois com a navegação nos mares Mediterrâneo, Báltico e Norte.

Portugal é considerado como sendo o primeiro Estado-Nação moderno, mas a ele se seguiu a Espanha, ambos frutos da Reconquista durante os séculos XII e XIII. França e Inglaterra são consideradas tendo se formado como Estado-Nação durante a Guerra dos Cem Anos, nos séculos XIV e XV. A Itália e a Alemanha só se formaram como Estados-Nação no século XIX.

O fenômeno da transformação das cidades isoladas em uma rede se deu pela coopetição, mais especificamente em períodos de guerra, tais como a Reconquista, a Guerra dos Cem Anos e as guerras de unificação. Nesses períodos, as cidades se viram obrigadas a cooperar entre si para competir com outra rede de cidades que se formava. Isso as levou a buscar ganhos de escala e redução de custos de transação, o que era melhor feito através da transformação em um reino ou Estado-Nação.

É curioso que, enquanto a formação de Estados-Nação na forma de reinos se deu na Península Ibérica, França e Ilhas Britânicas, na Alemanha esse processo não se desenvolveu até o século XIX. Ali, em paralelo, surgiu a federação, conforme explicado anteriormente. Essas duas formas organizacionais levariam ainda alguns séculos para se fundirem em uma só forma.

O surgimento desses Estados-Nação e a federação alemã, chamada de Sacro Império Romano, colocou a Europa em uma situação peculiar, pois elevou o nível de cooperação pelo surgimento de redes maiores de cidades sem gerar um sistema rígido demais, como no caso dos impérios Bizantino, Sung, Ayyubid e o Sultanato de Delhi, que surgiram no mesmo período como reconstrução do sistema em outras partes da Eurásia. Isso criou um sistema que era mais coopetitivo e, portanto, tinha uma maior pressão evolutiva do que no resto do mundo.

As Invasões Mongóis

Mas ainda falta analisar um grande evento que desagregou os competidores de grande porte potenciais da Europa Ocidental e a colocou em uma posição de igualdade, ou vantagem, dependendo de como se analisa.

A ascensão e queda do Império Mongol é um dos fenômenos mais importantes da história do último milênio e, ainda assim, é pouco entendida e estudada. Ainda é questionável o que levou um grupo relativamente atrasado tecnologicamente e de uma região remota do mundo a varrer toda a Eurásia entre os séculos XIII e XIV, desestabilizando China, Índia e Oriente Médio. A Europa Ocidental foi poupada, passando assim a ter uma posição diferenciada.

A China foi transformada da Dinastia Sung na Yuan, descendente dos mongóis, e, depois de sua queda, surgiu a Dinastia Ming. Na Índia surgiu o Império Mughal, descendente direto das invasões mongóis. No Oriente Médio, a destruição dos vários estados ali existentes permitiu a ascensão do Império Otomano. O Japão só resistiu por relativa sorte, devido a eventos meteorológicos. A Eurásia foi varrida e desestruturada por uma onda de invasões para depois se reestruturar em impérios defensivos.

Os Ming, por exemplo, chegaram a desenvolver uma grande frota de navegação nos séculos XV e XVI e chegaram à beira de se industrializarem. No entanto, o medo de novas invasões mongóis e da ascensão de uma classe mercantil fizeram com que eles voltassem atrás. Levathes (1996) descreve esse período. Kennedy (1989) e Castells (2000) mostram como essa oportunidade da China se transformar em uma nação industrial e colonial foi perdida.

Segundo Levathes (1996), os chineses foram capazes de criar juncos de 2.000t de deslocamento, atingir a costa Índica da África e dominar a bacia do Índico. Em comparação, os navios de Colombo tinham cerca de 50t de deslocamento.

Alguns historiadores se perguntam se a ascensão do Ocidente tal como descrita por North e Thomas (1993) não foi possível apenas por conta das invasões mongóis e pelo estado de medo e defesa que eles instalaram na Ásia.

De qualquer forma, o cenário estava finalmente pronto por volta da metade do século XV. A Europa Ocidental estava organizada, mas não unificada, de maneira que a coopetição gerava uma pressão evolutiva. Ao mesmo tempo, as outras regiões da Eurásia ainda se recuperavam do drama das invasões mongóis e se organizavam nos vastos impérios Otomano, Mughal, Persa e Ming. A África Subsaariana e as Américas do Norte e do Sul estavam ainda organizadas em reinos e impérios da segunda geração, tecnologicamente defasadas.

O que se seguiria seria a formação de um sistema global de trocas liderado pela Europa.

2.4. O ESTADO COLONIAL (1492–1618)

As grandes navegações da Europa tiveram como motivação a busca de um caminho comercial para a Índia e para a China, mas, como subprodutos, geraram Estados com colônias por toda a América e África, e enclaves na Ásia. O Estado-Nação europeu teve de coevoluir para uma outra forma, o Estado Colonial.

O período de seu desenvolvimento e auge se deu durante o primeiro ciclo hegemônico do modelo de Arrighi, quando o Império Habsburgo era a potência dominante. Tal império foi também o modelo de Estado colonial principal do período, dominando não só a maior parte das Américas como também destruindo os três principais Estados pré-colombianos (astecas, incas e maias), que inibiam sua expansão nas Américas.

EVOLUÇÃO DO ESTADO

Tal coevolução se deu por meio de inovações no campo militar e econômico. Tilly (1992) nos descreve que os Estados interagem por meio da guerra (coerção) e do comércio (capital). Entretanto, as inovações são a forma de evoluir de uma organização, ou do Leviatã, conforme mostrei em Alves (2010) e Alves (2011).

No campo econômico, a possibilidade de uma moeda única e de um sistema unificado de impostos reduzia imediatamente os custos de transação para os comerciantes, permitindo que as recém-criadas companhias de comércio prosperassem. Essas companhias, mistas de unidades militares com iniciativa privada e grupos de aventureiros, estavam restabelecendo o comércio de longa distância perdido desde os tempos romanos.

Um sistema financeiro centralizado também representava a possibilidade de manter uma malha de rodovias mais bem patrulhada, reduzindo os custos de transação.

A relação com as colônias era de mantê-las dependentes da metrópole. As colônias exportavam matérias-primas e importavam produtos acabados. Para viabilizar as colônias, foram introduzidos plantios importados dos árabes, tais como café, chá, cacau, algodão e cana-de-açúcar, ou de produtos locais, como tabaco e pau-brasil.

No campo militar, a introdução em larga escala da pólvora havia quebrado o sistema militar dos cavaleiros e forçado a renascença da infantaria e o surgimento dos exércitos de conscritos. Onde antes o treinamento de um cavaleiro feudal exigia anos de investimento e de treinamento, bastavam algumas horas de treino com um mosquete para criar um infante. Os exércitos mudaram de pequenas unidades de cavalaria para grandes unidades de infantaria conscrita com armas de fogo e choque.

Tais avanços permitiram também quebrar a defesa dos impérios locais, principalmente na América Central e do Sul, onde astecas e incas eram bastante organizados.

Sob o ponto de vista da inovação como forma de coevolução, o Estado Colonial é uma melhoria do sistema de rede de cidades do Estado-Nação. Nos termos de Schumpeter, ele agrega novos mercados, novos produtos, novas fontes de matéria-prima, novas formas de organização e novas formas de produção, ou seja, todas as cinco formas de inovação. A rede deixa de ser de cidades localizadas no continente e passa a ter uma característica de centro e periferia, gerando sinergia.

Sua limitação é que tudo é feito primordialmente pelo Estado e, portanto, se perde o potencial de uma sinergia entre este e mercado.

2.5. O ESTADO MERCANTIL (1618–1785)

O Estado Mercantil começou a surgir a partir da Revolução Holandesa contra os Habsburgos. Tal Estado era uma coevolução sobre o modelo colonial anterior, pois utilizava uma sinergia muito maior entre os setores privado e público.

Os dois modelos coexistiram e entraram em choque durante a Guerra do Trinta Anos (1618–1648), que é vista como a guerra de transição da Tabela 3, baseada no modelo de Arrighi. Aqui um sistema rígido e centralizado entrou em choque com um sistema flexível e descentralizado. No curto prazo, o sistema centralizado tem vantagens, mas, no longo prazo, o sistema flexível se adapta melhor e coevolui mais eficientemente, se impondo.

Essa guerra se estendeu para muito além da Europa, incluindo combates e disputas no mundo inteiro, podendo ser considerada a primeira guerra de escopo mundial. No Brasil, ela teve um papel central na formação do país, sendo conhecida como as invasões holandesas.

O sistema holandês se baseava na exploração colonial através de organizações privadas apoiadas pelo governo. O termo companhia é derivado do jargão militar, que representa uma unidade com 70 a 200 homens, mais tipicamente com algo em torno de 100 homens. O termo deriva da palavra *companion* (companheiros, em latim), remontando aos tempos gregos. Isso indica a natureza militar do comércio dos séculos XI a XVII e a origem de uma estrutura rígida e hierárquica enfocada em torno de um objetivo.

EVOLUÇÃO DO ESTADO

Essas companhias se confundiam em termos de aventureiros, comerciantes e mercenários, papéis ligados ao comércio nesse período. Surgiram também negócios que apoiavam esse comércio, tais como hotéis, restaurantes e cervejarias. Bancos também foram um setor que se desenvolveu a partir da importação do modelo dos árabes.

Essa lógica quase militar das companhias está associada com a exploração de territórios inóspitos. Inicialmente, as rotas comerciais dentro da Europa eram perigosas, pois havia o confronto com grupos de bandoleiros. Mais tarde, nas colônias, havia o confronto entre as companhias em si, e destas com os indígenas. As atividades de comércio e de colonização eram atividades de alto retorno e alto risco.

A empresa mais antiga registrada na Inglaterra é a *Company of Merchant Adventurers of London* (1407). O próprio nome indica a natureza combinada de um espírito de aventura e de comércio, e da associação de um grupo de indivíduos para perseguir um objetivo comum.

Companhias famosas do período mercantil incluem a *Levant Company* (fundada em 1581), a Companhia das Índias Orientais (fundada em 1602), a *London Company* (fundada em 1606) e a Companhia das Índias Ocidentais (fundada em 1621).

Mais uma vez convém analisar as inovações em termos das dimensões militar e econômica conforme a lógica combinada de Tilly e Schumpeter.

Em termos econômicos, a separação entre a atividade privada e a estatal visando a sinergia das duas foi um avanço fundamental. O Estado não mais tentava cercear e limitar a atividade privada, mas sim estimular por meio de investimentos e regular por meio de sistema judicial neutro e eficiente. O Estado agora servia para dar garantia de direitos e criar arranjos institucionais, como colocam North e Thomas (1993). Nesse sentido, pode-se ver um organismo desenvolvendo órgãos especializados em vez de sistemas genéricos menos eficientes. Esse é um fenômeno típico da evolução: a especialização.

Em termos militares, a evolução se deu na forma de marinhas armadas com canhões embarcados e na forma do surgimento de exércitos profissionais em terra. Os dois maiores reformadores dos exércitos da época foram Gustavus Adolphus e Maurice de Nassau. Inovações incluíram padronização de equipamentos, redução do tamanho das unidades, uso de armas combinadas (cavalaria, infantaria e artilharia), maior mobilidade das unidades e treino de tática, além de condicionamento físico. Na guerra naval, a evolução das marinhas da Holanda e da Inglaterra se deu em uma coevolução, na medida em que as duas disputavam o poder naval. Os navios com canhões embarcados e as táticas navais avançaram muito nesse período.

Nesse ciclo hegemônico, os Estados mercantilistas, mais notadamente Holanda, Inglaterra (que se tornaria o Reino Unido depois de 1707) e França, se desenvolveram consideravelmente, alavancando suas economias conforme suas colônias se apresentavam como inovações do tipo novo mercado e nova fonte de matéria-prima. Isso só era possível com o Estado mercantilista sendo uma nova forma de organização, e a sinergia entre setor privado e Estado sendo uma nova forma de produção. Os Estados mercantilistas preferiam processar os produtos das colônias antes de exportar para a Europa. Por exemplo, transformavam cana em açúcar ou em rum, ou tabaco em charutos, permitindo que a economia se desenvolvesse e a indústria surgisse nas colônias. Isso resultava em um ganho logístico no transporte e em um maior desenvolvimento das colônias. Em contraponto, os Estados ibéricos pré-mercantis não permitiam esse tipo de agregação de valor, impedindo a evolução da colônia e resultando em perdas logísticas.

O sucesso do sistema mercantil gerou riqueza e com ela surgiram mercadores ricos (burguesia) e artesãos especializados (classe média). Esses grupos não queriam mais ficar subordinados a grupos tais como nobreza e clero. As colônias se desenvolveram e começaram a buscar a independência. Estava no momento de uma nova forma de organização, ou Estado, surgir.

2.6. O ESTADO MODERNO

A partir desse momento da história, combinaremos os ciclos de hegemonia com os de Kondratieff para dar um maior detalhamento aos movimentos de coevolução. O Estado Moderno, no nosso entendimento, teve diversos formatos nos últimos 240 anos.

2.6.1. Ciclos de Kondratieff e a Revolução Industrial

Os ciclos de Kondratieff foram identificados por Nikolai Kondratieff em 1925, em seu livro *Major Economic Cycles*. Desde então, eles se transformaram na base do modelo de ciclos tecnológicos. A Tabela 4 mostra os cinco ciclos identificados e sua interpretação segundo este autor com base no modelo de Freeman e Perez (1988).

Kondratieff percebeu que as inovações tecnológicas não ocorriam de forma homogênea ao longo do tempo, mas sim em ciclos de 50 a 60 anos que afetavam a economia e a sociedade. Cada ciclo tinha quatro subfases: recuperação, crescimento, esgotamento e crise. Todo ciclo fechava com uma crise generalizada que gerava como resposta uma nova onda de inovações, tanto por conta de investimentos quanto por causa da aceitação e da necessidade geradas pela crise.

Modelski (2005) acredita que estamos no décimo nono ciclo de Kondratieff e inicia sua contagem praticamente no começo do modelo descrito na Tabela 3, mas a maioria dos autores prefere ficar com o modelo de cinco ciclos da Tabela 4, por ser concomitante com o período pós revoluções industriais, onde temos mais dados, e a dinâmica socioeconômica e tecnológica é mais bem conhecida.

Nossa contribuição vem no sentido de detalhar o trabalho já elaborado em Alves (2010) e associar o Estado como uma tecnologia em coevolução e, com isto, relacionar cada período com o surgimento e desenvolvimento de uma nova forma de organização, como um dos tipos de inovação schumpeterianos.

Ainda é motivo de debate o que causa os ciclos de Kondratieff e se eles persistirão no futuro, mas o entendimento corrente é que eles estão ligados à dinâmica da economia e da inovação. Como existe muito risco associado à inovação, ela é mais fértil nos períodos de crise, onde o risco já está permeando todo o sistema e, portanto, inovar não aumenta significativamente o risco. Na verdade, se torna uma forma de reduzir os efeitos da crise.

CICLOS DE KONDRATIEFF E A COEVOLUÇÃO DO ESTADO

Ciclo	Período	Tecnologias	Estado
1º	1770–1820	Mecanização inicial	República Moderna
2º	1820–1870	Vapor, ferrovias e telégrafo	Estado Nacionalista
3º	1870–1930	Eletricidade e motor de combustão	Estado Burocrático
4º	1930–1980	Produção em massa e fordismo	Estado Industrialista ou do bem-estar social
5º	1980–2030	Telecomunicações e informática	Estado Reformado

TABELA 4

Nossa análise continuará a utilizar a lógica de Tilly (1992) e de Schumpeter (2007) de avaliar as inovações nos campos da coerção (militar) e de capital (econômico) como sendo centrais para entender cada período, e do Estado como um ser em coevolução com outros Estados para se adaptar a um ambiente em mudança permanente.

2.6.2. A República Moderna (1770–1820)

A República Moderna evoluiu para criar um Estado que não é mais o patrimônio de uma única classe, seja ela a nobreza ou o clero, mas de diversos grupos sociais. Nesse sentido, o Estado deixou de ser patrimonialista e virou republicano. Esse processo demorou todo esse ciclo e foi concomitante com a guerra de transição da hegemonia holandesa para a britânica.

O primeiro ciclo de Kondratiev se iniciou com a Revolução Industrial e imediatamente fez surgir indústrias e organizações que desafiavam a lógica econômica anterior. O crescimento do novo modelo de produção industrializado requeria um novo trabalhador, capaz de ler, escrever e fazer as quatro operações matemáticas, bem como ser capaz de operar maquinário. Isso requeria um sistema de ensino para as

EVOLUÇÃO DO ESTADO

massas de trabalhadores rurais que aos poucos se transformavam em trabalhadores urbanos, na medida em que se mudavam para perto das fábricas. Um novo sistema educacional era necessário e, com ele, um novo conceito de cidadania surgiu.

Podemos também entender esse processo pelo conflito entre um sistema mais flexível e um mais rígido. O sistema rígido anterior era incapaz de lidar com a industrialização crescente e a necessidade de criar novos mercados, novos produtos, novas formas de organização, novas fontes de matéria-prima e novas formas de produção.

Entretanto, o sistema anterior não morreria tão facilmente e uma guerra de transição hegemônica foi necessária para alterar o paradigma. Além das Guerras Napoleônicas na Europa e da Revolução Francesa, ocorreram a independência das Américas e guerras civis na Índia e na China.

O resultado inevitável foram revoluções para criar Estados onde a monarquia era substituída por um sistema republicano, que foi recuperado do passado veneziano da Idade Média e da República Romana da Idade Antiga. Parte desse arcabouço político teve origem na Paz da Westphalia e na evolução do Sacro Império Romano para uma federação.

Os EUA e a França tiveram papéis decisivos nesse processo ao ajudarem na construção do novo modelo de república, mas também ao ajudarem a destruir parte da força das monarquias vigentes, abrindo espaço por meio militar para o surgimento de um novo modelo de Estado. O sucesso dos modelos americano e napoleônico, e de seu código civil, se espalharam pelo mundo, resultando em uma nova forma de Estado moderno republicano.

No campo econômico havia surgido um Estado onde os cidadãos, e não mais a monarquia, eram donos do país, e o Estado lhes servia, não o contrário. Isso permitia que a livre iniciativa aumentasse de intensidade. Além disso, a própria lógica de uma sociedade industrial com investimento massivo em educação era uma inovação.

No campo militar, os exércitos industrializados eram feitos por cidadãos, que tinham uma mistura de conscrição para gerar volume, e por profissionais de carreira, para garantir a continuidade do conhecimento. Academias militares se formavam e as carreiras estavam abertas a todos os cidadãos, desde que tivessem talento e não necessariamente berço.

2.6.3. O Estado Nacionalista (1820–1870)

O segundo ciclo de Kondratiev viu o surgimento do nacionalismo e do conceito de nação como evento central. Uma vez que as oligarquias precisavam trazer para si a lealdade que antes estava nas mãos dos monarcas e das famílias reais, elas criaram uma simbologia e uma mitologia em torno do conceito de nação, o que incluía bandeiras, hinos, heróis, datas comemorativas, monumentos, e a construção de um orgulho e de um sentimento de pertencimento.

Isso ocorreu no momento em que as ferrovias e os telégrafos faziam o espaço geográfico parecer menor devido ao aumento das velocidades de transporte e de comunicação. Enquanto na Europa as nações precisaram se definir nacionalmente para não serem aculturadas, nos EUA a introdução dessas tecnologias permitiu a unificação de um país geograficamente disperso e pouco denso populacionalmente.

Mais uma vez, esse movimento levou a crises, como o surgimento de movimentos nacionalistas na Alemanha e na Itália, e uma crise nos EUA que levou à Guerra Civil. Na América do Sul, a unificação da Argentina e a expansão do Brasil acabaram por deflagrar a maior guerra do continente, a Guerra da Tríplice Aliança. A Guerra da Crimeia pode ser vista como uma tentativa da França e do Reino Unido de frear a expansão da Rússia sobre o enfraquecido Império Otomano.

De particular relevância nesse período são a Guerra Civil Norte-Americana e a Guerra Franco-Prussiana. Em ambos os casos, o vencedor foi o país com as melhores produção industrial e malha ferroviária. Ambas foram guerras de atrito e com linhas relativamente longas, o que se distanciava das guerras anteriores, onde os exércitos marchavam em bloco. Agora se formavam linhas de frente contínuas. Elas podem ser consideradas guerras de transição, sendo as últimas guerras antigas dominadas pelos líderes heroicos e pelos exércitos em marcha, e as primeiras das guerras modernas dominadas pela tecnologia, pela produção industrial, pela organização nacional e pelas linhas de frente.

O Estado Nacionalista tinha inovações tanto no campo econômico como o surgimento das empresas de capital aberto, ou sociedades anônimas, necessárias para agregar recursos que nenhum indivíduo sozinho poderia ter. E, como consequência dessa inovação, foram criadas bolsas de valores onde essas ações eram negociadas. Pode-se interpretar que, no ciclo anterior, o Estado havia sido "socializado" por todos os indivíduos que agora tinham o título de cidadão. Já neste ciclo, as empresas haviam sido "socializadas" pelo mercado de ações que agora atendiam pelo nome de acionistas. Esse é o começo do surgimento de um novo estilo de capitalismo, não mais dominado por um indivíduo fundador da empresa, mas por uma massa de acionistas.

No campo militar, o surgimento do Exército Nacional e das marinhas, com navios a vapor e blindagens, mudaram a face da guerra. Os heróis no campo de batalha foram substituídos pelo sistema de produção e pela logística de uma indústria bélica nacional. Esse sistema seria expandido nos ciclos futuros. No mar, o final dos navios de madeira e movidos a vela deu margem a uma marinha de metal e de vapor, onde o heroísmo contava pouco e a produção e a tecnologia navais dominavam o campo de batalha.

Os Estados, em média, cresceram de tamanho geográfico. Isso se deu basicamente pelo aumento da velocidade e intensidade de transações comerciais e militares. A formação dos EUA e a unificação da Alemanha e da Itália são os maiores exemplos desse fenômeno.

2.6.4. O Estado Burocrático ou Profissional (1870–1930)

O terceiro ciclo de Kondratieff teve, como centralidade, o surgimento da burocracia nacional de forma institucionalizada. Surgiu o Estado Burocrático ou profissional. Aqui, o avanço da tecnologia e, particularmente, a introdução dos serviços de água encanada, esgotamento sanitário, gás encanado, luz elétrica e telefonia exigiam uma estrutura cada vez mais complexa do Estado. Além disso, o sistema educacional ficava mais complexo, e houve a introdução do conceito de hospital público. As tarefas centrais do Estado haviam se expandido, de defesa, justiça e infraestrutura, para incluir saúde, finanças públicas, serviços universais e educação.

Surgiram diversas agências governamentais para cuidar de atividades específicas e empresas estatais para cuidar de atividades econômicas levadas a cabo pelo Estado.

Isso requeria profissionais treinados e de carreira, e assim surgiu o Estado Burocrático com funcionários públicos, seguindo os preceitos da administração pública, tais como legalidade, moralidade, publicidade, eficiência, universalidade, impessoalidade e imparcialidade.

O grande teórico da burocracia do período foi Weber e o grande impulsionador foi o presidente dos EUA Woodrow Wilson. Isso fez surgir, na Europa e nas Américas, um Estado mais caro, porém mais eficiente e eficaz.

Mais uma vez houve mudanças no campo econômico, com o surgimento de empresas estatais e mistas, onde se combinavam as lógicas do Estado e da iniciativa privada, bem como serviços de padronização e de normatização de fabricação para garantir a segurança. Nesse período surgiram também os primeiros sindicatos fortes para evitar que a sinergia entre Estado e iniciativa privada deixasse o trabalhador individual fora do sistema. No entanto, a grande redução de custos de transação e ganho de produtividade foi devido à introdução dos serviços de utilidades públicas (água, luz, gás, esgoto e telefone), que aumentaram significativamente a qualidade e a expectativa de vida.

Drucker (1993) chama esse período de revolução da produtividade, onde a eletricidade, a padronização e o aumento da escolaridade dos trabalhadores levaram a um salto na produtividade individual. Pela primeira vez na história, algumas sociedades tinham oferta de bens maior do que a demanda, o que fez surgir a necessidade de uma nova disciplina para lidar com o mercado além da distribuição dos bens produzidos, isto é, surgiu o marketing como conhecemos.

EVOLUÇÃO DO ESTADO

No campo militar, a revolução da produtividade e a introdução do motor a diesel levaram ao surgimento das forças armadas modernas. Surgiram aviões e forças aéreas, bem como caminhões e linhas de suprimento. Surgiram também novas necessidades, tais como petróleo, refinarias, e pesquisa e desenvolvimento de forma sistemática e regular.

O período final desse ciclo se confunde com a transição hegemônica do Reino Unido para os EUA nas Guerras Mundiais. Isso exacerbou a tendência de produção em massa e fez o Estado ter de se profissionalizar e estimular a produção em grande escala. As Guerras Mundiais foram guerras em que a quantidade de material e de homens cresceu bastante nos campos de batalha, fazendo surgir o termo "guerra de material".

Uma mudança importante desse período foi o fato de que, devido a uma maior necessidade de homens no campo de batalha durante Primeira Guerra Mundial, foi necessário utilizar as mulheres como trabalhadoras fabris e, por consequência, lhes pagar salários, dando a elas liberdade econômica. Depois da guerra na década de 1920, com o movimento sufragista, elas conseguiram seus direitos políticos. Isso forçava mais uma mudança no Estado, que agora tinha de lidar com um novo grupo de poder que surgira, ao mesmo tempo em que tinha a vantagem de ver dobrada sua população economicamente ativa e, por consequência, sua economia.

O Estado passou por mudanças. O Estado Burocrático se transformou em um Estado Industrialista. Como resultado das Guerras Mundiais, desapareceu o sistema de competição entre diversas nações — ou multipolar — para surgir um sistema bipolar. Agora a necessidade do sistema ia além do viável para uma única Nação-Estado, e um sistema de diversas nações era necessário. Sendo finito, o planeta permitia basicamente a existência em relativo isolamento de dois grandes sistemas e de um sistema menor: o sistema capitalista ocidental protagonizado pelos EUA, o sistema comunista protagonizado pela URSS e, em uma escala menor e isolada, a China comunista. Aqui cabe uma análise sobre a lógica de Wallerstein (2010) de sistemas-mundo, onde, nesse momento da História, coexistem três sistemas-mundo isolados.

Assim como no ciclo anterior, os Estados, em média, continuavam a crescer de tamanho geográfico, novamente devido ao crescimento da velocidade e intensidade das interações econômicas e militares. O surgimento de sistemas de aliança, da URSS e, mais tarde, da OTAN e do Pacto de Varsóvia, são os exemplos mais flagrantes disso.

2.6.5. O Estado Industrialista ou do Bem-estar Social (1930–1980)

O quarto ciclo de Kondratiev (1930–1980) teve a coopetição (e coevolução) entre esses sistemas (ou sistemas-mundo) como seu tema central. Isso forçou os Estados a se tornarem ainda mais complexos e a beneficiarem seus cidadãos para que estes pudessem crescer. No Ocidente, isso fez surgir o Estado do bem-estar social, ou *Welfare State*, onde o Estado era visto como uma ferramenta para que os cidadãos reconstruíssem suas vidas depois de duas grandes guerras. Isso foi muito bem-sucedido, mas aumentou muito o custo e a complexidade do Estado.

Nos regimes comunistas, a falta de liberdade impedia a livre iniciativa e tudo dependia do Estado, o que aumentou a complexidade da administração e limitou a capacidade de inovação. Apesar do ganho de escala dos sistemas comunistas e da redução de custos de transação, a falta de competitividade e de estímulo para a produtividade impediam a competição interna e, portanto, a coevolução.

No final do ciclo, o sistema comunista dava sinal de esgotamento e, apesar de ter sido menos afetado pela crise do petróleo da década de 1970, já mostrava sua incapacidade de transformar tecnologias militares de ponta em inovações tecnológicas de mercado. O caso mais forte talvez seja o da corrida espacial, onde diversas tecnologias foram desenvolvidas por ambos os lados, mas elas frutificaram em tecnologias comerciais apenas no sistema de livre iniciativa.

O sistema entrou em crise generalizada na década de 1970, sendo que provavelmente a data crucial desse movimento ocorreu no ano de 1968, quando ocorreram a Ofensiva do Tet no Vietnã, a circunavegação da Lua pela nave Apolo 8, a primeira transmissão via satélite e a Primavera de Praga.

Mas antes de se prosseguir ao quinto ciclo, deve-se terminar a análise do Estado Industrialista em suas duas versões competidoras: o Estado do bem-estar social do capitalismo e o Estado comunista.

Ambos apresentavam inovações sob o ponto de vista econômico. O Estado se apresentava como um agente econômico de recuperação social e um catalisador das mudanças. Ambos investiam fortemente em tecnologia militar como base de competitividade. Ambos utilizavam um sistema entre diversas nações, e não mais um Estado isolado. Mas eles também diferiam. Basicamente, a diferença estava na existência ou não de competição interna. Em um sistema, a competição interna era vista como negativa, pois criava redundâncias e, portanto, ineficiências, e um controle centralizado era visto como mais racional. No outro sistema, a competição interna entre as nações do sistema, entre as empresas e entre os indivíduos era vista como necessária para se determinar qual a forma mais eficiente de uma determinada tecnologia, de uma operação ou de um processo. Um controle descentralizado era visto como necessário para manter a coevolução do sistema. Mesmo sendo menos eficiente no curto prazo, isso garantia a evolução no longo prazo.

De fato, no curto prazo, o ganho de escala e a centralização do sistema soviético fizeram com que a URSS tivesse grandes avanços nas décadas de 1940 e 1950. O sistema começou a mostrar sinais de fadiga no médio prazo nas décadas de 1960 e 1970 e, finalmente, entrou em crise no longo prazo na década de 1980.

No campo militar, os avanços tecnológicos são evidentes em ambos os modelos. O desenvolvimento de armas nucleares e de computadores e a corrida espacial são os exemplos mais claros, mas o mais importante foi o surgimento do complexo industrial militar e da pesquisa e desenvolvimento sistemática de grande intensidade. A aviação comercial, as telecomunicações, a computação e o mundo digital, todos tiveram sua origem na disputa tecnológica dos dois sistemas.

2.6.6. O Estado Reformado

O quinto ciclo de Kondratieff (1980–2030?) se iniciou com uma tentativa de reforma do Estado de todos os lados, por meio do movimento da nova Gestão Pública no sistema capitalista e da Perestroika no bloco comunista. Na China, teve início a transição para um híbrido dos dois sistemas, chamado de capitalismo de Estado.

Esse processo ainda não se completou e, portanto, o resultado final permanece incerto. Matematicamente, o ciclo teve a década de 1980 com a subfase de recuperação na medida em que a telemática, junção das telecomunicações com a informática, surgiu como uma nova forma de modo de produção. A década de 1990 foram os "exuberantes anos 90", com crescimento acelerado oriundo da subfase de expansão devido à introdução da internet e ao surgimento de diversos novos negócios associados a ela.

A primeira década do século XXI marcou uma transição entre as subfases de expansão e de esgotamento, com sinais claros do limite do ciclo em 2001 e 2003, e uma crise típica de meio de ciclo em 2008.

De certa maneira, a crise de 2001 teve, como análogos históricos, crises que indicavam a proximidade da subfase de estagnação depois de um longo período de crescimento. Esses análogos são a Queda da Bastilha em 1789 (1º ciclo), a Comuna de Paris em 1848 (2º ciclo), a Guerra Hispano-Americana em 1898 (3º Ciclo), e a Revolução Cubana em 1959 (4º ciclo). Cada um desses eventos marcou aproximadamente a metade do ciclo e o início da subfase de esgotamento.

Da mesma forma, a crise de 2007–2008 também teve seus análogos históricos nas crises, ou pânicos, de 1796–97 (1º ciclo), 1857 (2º ciclo), 1907 (3º ciclo), e 1967–8 (4º ciclo). Essas crises, ou pânicos, ocorreram cerca de sete a nove anos depois da primeira crise, o que equivale a um ciclo de Juglar de investimento. É importante notar que as duas crises não funcionam como um relógio, isto é, com exatidão, pois existe alguma variação não explicada.

Seguindo as analogias, pode-se prever que a década de 2010 será de esgotamento e de crescente competição internacional. O sistema bipolar deu lugar a um sistema unipolar, ou único sistema-mundo, com competição interna, e essa competição está crescendo e se tornando menos amistosa. As recentes crises de representação no mundo inteiro que se iniciaram com a Primavera Árabe são análogas às revoltas das décadas de 1960, 1910, 1850 e 1800, onde grupos diversos se sentiam mal representados e prejudicados pelos governos.

Se a analogia continuar, a década de 2020 será de crise generalizada e, provavelmente, de guerras regionais, uma vez que a transição hegemônica dos EUA para outra potência deve ocorrer mais no futuro. A década de 2020 poderá ser análoga às de 1970 e 1860.

No meio desse processo incompleto, podemos dizer que o Estado do bem-estar social evoluiu para um Estado reformado pela nova Gestão Pública. Ao mesmo tempo, a Perestroika fracassou e o regime comunista da URSS chegou ao final. O modelo chinês de capitalismo de Estado ainda está em evolução, mas sofre dos mesmos problemas de falta de competição interna da URSS. Apesar de haver competição oligopolista entre empresas estatais na China, tal competição não é livre e não expurga os modelos fracassados. A crise de 2007–2008 eliminou do sistema ocidental diversas empresas cujos modelos não eram estáveis o suficiente para sobreviverem no longo prazo. A crise é parte inerente do ciclo e algo necessário para a evolução. Embora não seja possível afirmar categoricamente, o sistema chinês pode evoluir para um sistema mais aberto ou correr o risco de ter o mesmo final do sistema soviético.

Até aqui, podemos ver mudanças no sistema econômico do Estado Reformado na medida em que o Estado se retrai de certas atividades que tomou para si no ciclo anterior, de maneira a permitir o avanço da iniciativa privada e tentar ser menos complexo e mais barato. Tecnologias como parcerias público-privadas (PPPs) e organizações não governamentais (ONGs) podem ser vistas como novas formas de organização que ajudam o Estado a buscar sua sinergia com o mercado e com a sociedade civil, dando mais liberdade de ação para os indivíduos.

No campo militar, a evolução se deu para além de forças de conflito entre blocos. Desde a década de 1980 vem-se adaptando o aparato militar para atuar como força de paz e em operações de conflito de baixa intensidade, guerra ao narcotráfico, operações antiterrorismo e antimanifestações. Essa forma de conflito também é chamada de conflito assimétrico. Os principais conflitos armados de alta intensidade ocorreram até aqui na região do Golfo Pérsico em 1991 e 2003. Ali é combinada a necessidade de se manter o acesso às fontes de petróleo e estabilizar politicamente os principais regimes locais.

Também cabe notar que muitos problemas contemporâneos, e que devem se estender para o futuro, não são mais solúveis pelo modelo de Estado atual. Problemas de mudanças climáticas, terrorismo, disseminação de armas de destruição em massa, narcotráfico e crimes internacionais estão fora da capacidade de uma única nação resolver sozinha. Isso nos induz a imaginar que uma nova forma de organização terá de surgir em um futuro sexto ciclo (2030–2080?) para lidar com esses problemas.

2.7. O ESTADO EM COEVOLUÇÃO

Agora podemos traçar uma linha do desenvolvimento da tecnologia chamada de Estado, uma ferramenta de uma sociedade para sua auto-organização. Poderemos ver, ainda, os fenômenos de evolução relativos a organizações, ou a organismos, para usar um termo ainda mais geral.

O Estado-Nação surgiu da agregação de organismos menores, as cidades-estado feudais, mas ainda em uma forma genérica e sem especialização. A partir desse momento foram surgindo organismos internos especializados, tais como o setor privado, que criava sinergia com as atividades estatais.

Um fator central nesse processo foi o da competição, que forçava a seleção das melhores estruturas e práticas, eliminando os modelos menos eficazes ou eficientes. Aqui residiu, por boa parte do período de tempo analisado, a principal diferença entre os Estados ocidentais e orientais. Isso porque, no Oriente, até o final do século XIX e o começo do século XX, prevaleciam grandes impérios e reinos centralizadores com baixa competição interna e externa, ao passo que, no Ocidente, a competição dentro dos Estados, e entre os Estados, dominou o cenário desde o século XV.

Nesse sentido, a competição interna forçava todos os Estados a evoluírem juntos, o que criou o fenômeno da coevolução: um misto de competição e cooperação. Esses fenômenos são similares entre organismos que coexistem, sejam eles Estados, empresas privadas, seres humanos individuais ou seres biológicos. Aqui, a dinâmica da coexistência funciona para todos os organismos, em um sentido amplo da palavra.

Pode-se analisar que a pressão evolutiva foi maior do século XV ao XIX no Ocidente do que no Oriente, forçando uma coevolução mais rápida desses Estados. No começo do século XXI, o sistema já é global e existe apenas um sistema-mundo.

A Tabela 5 sumariza as inovações econômicas e militares de cada período e os tipos de Estado.

COEVOLUÇÃO DAS TECNOLOGIAS E DO ESTADO

Período	Estado	Inovações	
		Econômicas	Militares
1492–1618	Colonial	Centralização, ganho de escala e moeda única	Conscrição, infantaria com mosquetes e artilharia com pólvora
1618–1770	Mercantilista	Direito de propriedade, arranjos institucionais e colônias autônomas	Navios artilhados, armas combinadas, profissionalização, tática e mobilidade
1770–820	Moderno	Cidadania, Código Civil, republicanismo e educação pública	Logística, conscrição em massa, meritocracia e artilharia raiada
1820–1870	Nacional	Malha ferroviária e telegráfica, sociedades anônimas, bolsa de valores e transporte a vapor oceânico	Nacionalismo, vapores, cruzadores, fuzil de retrocarga, bala minié e metralhadora

GESTÃO PÚBLICA CONTEMPORÂNEA

1870–1930	Burocrático	Burocracia, saúde pública, água, luz, gás, esgoto, telefonia, rádio, cinema, normatização e sindicatos	Indústria militar, encouraçados, aviões, submarinos, caminhões, e pesquisa e desenvolvimento (P&D)
1930–1980	Bem-estar social	Rede de nações, multinacionais, P&D, geladeira, automóvel, televisão e aviação comercial	Energia nuclear, tecnologia espacial, telecomunicações, porta-aviões, jatos e centros de P&D
	Comunista		
1980–2030	Reformado	Globalização, computação, internet, biotecnologia, ONGs e PPPs	Aviões robô, guerra centrada em redes, guerra digital e antiterrorismo
	Perestroika		
	Capitalismo de Estado		

TABELA 5

CAPÍTULO 3
DESAFIOS CONTEMPORÂNEOS DO ESTADO

Neste capítulo enfrentaremos o tema dos desafios que se colocam para o Estado atual. Analisaremos tais questões sob a ótica de que o Estado é um sistema, como descreve a Teoria dos Sistemas (Bertalanffy, 2001), mas também como um organismo em coevolução (Alves, 2010 e Alves, 2011), que reage se adaptando ao ambiente no qual está inserido conforme a Teoria da Contingência (Burrel e Morgan, 2005).

3.1. SISTEMAS GERENCIAIS

Inicialmente, temos de entender que qualquer forma de Estado é um sistema e que eles têm características em comum. Todos eles são formados por três componentes básicos: pessoas, processos e equipamentos.

Equipamentos são elementos inanimados físicos e tangíveis e podem ser substituídos sem grande dificuldade, mas podem durar por muitos anos na administração pública, tais como uma escola, um hospital ou um equipamento militar.

Processos são elementos intangíveis que podem ser explícitos na forma de regulamentações, legislações ou programas de computador, ou implícitos na forma de cultura, costumes ou práticas. Esses processos são arraigados em uma organização e podem ser modificados ou aperfeiçoados, mas trocá-los inteiramente é complexo.

Pessoas são elementos animados físicos e tangíveis e podem ser substituíveis ou não, dependendo dos processos da organização. Normalmente, mesmo quando a legislação permite, a mudança de pessoas é gradual e na forma de desenvolvimento. Uma mudança drástica causaria uma ruptura normalmente indesejável. O resultado é que esse é o elemento mais difícil de troca ou aperfeiçoamento e que, portanto, toma o maior tempo do gestor.

Sistemas gerenciais evoluem ao longo do tempo, o que ficou claro para o leitor no Capítulo 3. No entanto, detalharemos aqui um pouco mais sobre como, nos últimos 30 anos, organizações públicas têm se desenvolvido em quatro de suas principais funções. A Figura 20 mostra de forma esquemática quatro estágios de desenvolvimento de organizações públicas ao longo das principais funções internas de gestão de pessoas, suprimentos, planejamento e orçamento, e gerenciamento e liderança, mas sem entrar na especificidade das atividades-fim.

O modelo é simplificado, mas permite entender o grau de desenvolvimento das organizações públicas e que elas não nascem prontas, pois evoluem ao longo do tempo. No Brasil dos anos 2010, o Governo Federal está, em geral, no terceiro estágio, tentando evoluir para o quarto, bem como os Municípios das grandes capitais e os Estados mais desenvolvidos. Os Estados menos desenvolvidos e os Municípios de cidades de médio porte estão, em geral, transitando do segundo para o terceiro estágio. Os Municípios do interior e menores estão, em geral, ainda no primeiro estágio, tentando ir para o segundo. Claro que essa é uma visão geral, com muitas exceções, e que, na medida em que o tempo passar, ficará cada vez mais defasada.

Nossa preocupação, entretanto, é mostrar que o desenvolvimento é normal e que cada entidade federada tem um problema diferente. Isso aumenta em complexidade se formos analisar órgãos específicos e separarmos por esferas de poder. A resposta central aqui é que problemas diferentes requerem soluções diferentes e, portanto, um planejamento estratégico é fundamental para que cada órgão seja capaz de identificar seus objetivos e suas necessidades.

Estágios de desenvolvimento das organizações públicas

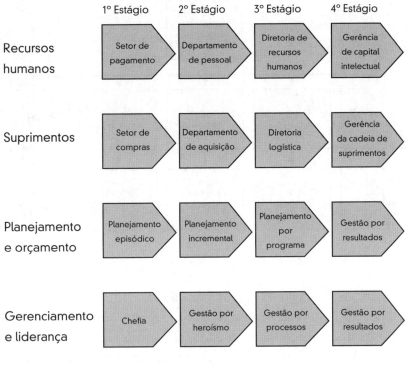

FIGURA 20

A Figura 21 mostra os elementos resultantes de um planejamento estratégico. Não é nosso objetivo discutir aqui como se faz um planejamento estratégico, e acredito que existem diversas formas de fazê-lo, inclusive de forma não estruturada. Mesmo quando não se faz um planejamento de maneira formal, os elementos da Figura 20 acabam sendo elencados, talvez não da melhor forma ou da forma mais racional, mas eles ainda assim aparecem.

Um governo determinará quais os processos que serão considerados centrais e quais serão secundários, e quais os projetos estratégicos a serem levados a cabo no governo. Cabe aqui, por uma questão de alinhamento, deixar claro que um projeto se opõe a um processo pois o projeto tem fim enquanto o processo é contínuo.

Elementos resultantes de um planejamento estratégico

FIGURA 21

Um processo é central se ele é o coração da atividade do órgão público, tal como a educação para uma escola e o atendimento médico para um hospital. Os processos secundários são aqueles que não são o cerne da atividade, tais como limpeza, segurança patrimonial e hotelaria. Alguns processos são claramente cerne e outros claramente secundários, mas existe uma grande faixa intermediária de dúvida, ou "zona cinza". Um exemplo comum de "zona cinza" é o serviço de tecnologia da informação e comunicações (TI ou TIC). Organizações devem decidir, ao longo do tempo, quais processos da "zona cinza" deverão ser considerados centrais e quais serão secundários, e essa escolha pode mudar ao longo do tempo.

Processos centrais têm como metodologia de trabalho basicamente a melhoria contínua e, portanto, faz muito sentido usar metodologias de gestão pela qualidade total. Tais técnicas foram desenvolvidas a partir dos anos 1950, e hoje são amplamente usadas em organizações do mundo inteiro com grande sucesso.

Processos secundários podem ser passados para parceiros privados, que podem executar a tarefa de forma mais barata e eficiente devido a não serem tão pressionados pelo arcabouço legal ao qual a administração pública normalmente é submetida. A forma mais comum de parceria privada no Brasil é a terceirização, mas essa é, na verdade, apenas uma de cinco formas de parcerias público-privadas existentes no mundo.

O termo Parceria Público-Privada (PPP) engloba cinco formas gerais: terceirização, concessão, empresa de capital misto, Private Finance Initiative (PFI) e integradores. Contudo, no Brasil se costuma entender a PPP apenas como o que se chama no exterior de PFI. Assim sendo, é necessário esclarecer essa confusão de terminologia para evitar que o leitor se confunda entre a literatura brasileira e a estrangeira.

Terceirização inclui a contratação de uma empresa privada para executar uma tarefa para um órgão público. Exemplos típicos são os de restaurante, vigilância, limpeza, hotelaria e papelaria. Exemplos limite são de TI (ou TIC), onde se pode ter dúvidas se a confidencialidade dos dados está segura na mão do parceiro privado. Essa questão está sendo fortemente afetada pela tecnologia de computação em nuvem, que oferece uma segurança e um preço muito superiores ao de computação local.

Concessões são uma modalidade onde o parceiro privado poderá cobrar um determinado serviço prestado para o público e assim obter lucro. O governo concede a exploração do serviço. Exemplos típicos são estradas de rodagem, ferrovias, televisão, rádio, portos, rede de água e esgoto, rede elétrica e telecomunicações. Essa é uma forma típica de desenvolver a infraestrutura. Em geral, tais concessões são supervisionadas por agências reguladoras.

Empresas de capital misto são aquelas que o governo tem uma parcela do capital, mas outra parcela é de propriedade privada, usualmente negociadas no mercado acionário. Assim sendo, tanto a sociedade quanto o mercado e o governo aportam capital nela. Isso só funciona se a atividade puder ser lucrativa. Exemplos fortes no Brasil são a Petrobras, o Banco do Brasil e a Vale. Todas iniciaram como empresas puramente estatais, mas ao longo do tempo, na medida em que precisavam crescer e já tinham um negócio lucrativo, fez sentido abrir o capital para o investimento privado.

A Private Finance Initiative (PFI) é o que se convencionou chamar de parceria público-privada (PPP) no Brasil. Ela é feita quando o objeto do contrato não gera receita por si mesmo e, portanto, o governo paga a uma entidade privada para operar o aparelho público. Elas serão mais detalhadas no item 3.4.9 por serem algo relativamente novo no Brasil e no mundo e, portanto, algo com que ainda estamos aprendendo a trabalhar. Exemplos comuns são presídios, escolas e hospitais. Basicamente, essa é uma nova forma de licitação onde, em vez de se licitar a construção e depois a transferência para o governo (BT ou Build-Transfer), se licita a construção, a operação e a posterior transferência para o governo (BOT ou Build-Operate-Transfer).

Integradores são uma nova forma de licitação que não possui equivalente legal no Brasil. Nesse caso, se licita uma operação de uma solução para o governo com a premissa de que existirão outros operadores subordinados a ele. O ganhador da licitação vai então integrar as diversas partes para criar uma solução completa para o governo. No Brasil, isso é comumente chamado de "quarteirização" e é proibido pela Lei 8.666/93.

Projetos são uma parte importante de qualquer planejamento estratégico, e no Brasil, em geral, eles são compostos fundamentalmente por obras de infraestrutura. Usualmente, eles compõem uma carteira de projetos chamados de estruturantes. Um projeto se caracteriza por ter começo e fim. Existe um campo do conhecimento de gestão de projetos que lida com a questão em dois níveis: o nível do projeto e o nível da carteira de projetos, ou portfólio.

No nível do projeto existem algumas metodologias de gestão de projetos disponíveis, e entre elas se destacam a PMI, PRINCE2, Agile e Scrum. As duas primeiras lidam melhor com projetos com escopo bem definido, tais como obras. As duas últimas lidam melhor com projetos cujo escopo não é bem definido, tais como mudanças de processos, projetos de software ou mudanças organizacionais. Nos últimos anos, houve uma tendência a pensar que a metodologia PMI resolveria qualquer tipo de projeto, mas isso já está mudando. Na verdade, a metodologia PRINCE2 foi desenvolvida especificamente para projetos governamentais e faz mais sentido no âmbito do governo. Entretanto, se os projetos lidam com um problema cuja solução ainda não está bem definida, as metodologias Agile e Scrum são mais apropriadas.

No nível da carteira de projetos, ou portfólio, existem algumas técnicas de priorização e desenvolvimento organizacional dentre as quais se destaca o modelo de Kerzner (2006) de excelência organizacional. Esse modelo lida com seis dimensões, nas quais a organização deve se desenvolver para atingir a excelência em gestão de projetos.

A gestão de recursos humanos tem migrado para se transformar em gestão do capital intelectual, onde se gerencia não só os recursos humanos, mas também o conhecimento da organização. Isso implica em gerenciar quem tem competência para exercer quais atividades e tentar encaixar a pessoa certa no lugar certo. Assim sendo, o tema acaba se desdobrando em gestão por competência, que será explorada em mais detalhes no item 3.4.5.

No Brasil, poucas organizações públicas fazem planejamento estratégico para seus quatro anos e, em geral, o confundem com o Plano Plurianual (PPA), e ainda menos organizações têm projetos estratégicos de longo prazo, isto é, de dez a vinte anos. Isso gera um problema, pois acaba transformando o orçamento anual no real instrumento de planejamento, e o PPA vira uma versão de "quatro vezes o orçamento".

Em muitos governos, tanto no nível Federal quanto Estadual e Municipal, o planejamento estratégico se reduz a criar uma lista de projetos estratégicos, em geral de infraestrutura, e associar a um escritório de gerenciamento de projetos (EGP), que muitas vezes está subordinado à Casa Civil, quando o mais lógico seria estar com a secretaria de planejamento.

Com o planejamento estratégico, se reduziu a infraestrutura no Brasil, se perdeu a agenda de reformar o Estado, e se melhorou a eficiência e a eficácia dos sistemas gerenciais públicos. Assim sendo, o Brasil vai ficando para trás em gestão e também não consegue executar em sua plenitude os projetos estruturantes.

3.2. OS DESAFIOS DO ESTADO

Diversos desafios se apresentam para o Estado em geral e para o Estado brasileiro em específico, mas neste texto simplificarei para seis grandes desafios, que são: a crise potencial da década de 2020, a nova revolução tecnológica, redução dos gargalos de crescimento, a universalização de serviços com qualidade, o equilíbrio de objetivos de curto e longo prazos, e a melhoria da governança pública.

Antes de avançar explicando cada um desses itens, se faz necessário que o leitor entenda que o Estado no mundo inteiro lida com esses desafios e que, em alguns casos, o Brasil está melhor e, em outros, pior.

Inevitavelmente, o Estado que surgirá com o tempo será uma nova forma para além do Estado atual, cuja denominação podemos apenas especular. Isso está em linha com a lógica de um ser em coevolução e que está sendo forçado a coevoluir mais uma vez devido à mudança do ambiente no qual está inserido. O leitor atento perceberá que uma reforma do Estado, além de meras obras de infraestrutura, será um imperativo no mundo inteiro.

3.2.1. A Crise Potencial da Década de 2020

O final de cada ciclo de Kondratieff terminou com uma crise generalizada. Se esses ciclos continuarem a se comportar da mesma forma, o período de 2018 a 2030 deve ser de mais uma dessas crises. A Tabela 6 mostra uma lista das 18 crises potenciais que podem gerar uma crise generalizada em um sistema já levado ao limite pelos anos de esgotamento do período 2005–2018. Filtrando essas crises por probabilidade de impacto, temporalidade de ocorrência e grau de impacto, é possível reduzir essa lista para cinco grandes candidatos. Essa lista é uma atualização da apresentada em Alves (2012).

Convém explicar um pouco mais sobre cada uma dessas cinco crises.

Crise dos sistemas de aposentadoria

A maior parte dos sistemas de aposentadoria do mundo se baseia na solidariedade entre gerações. Na medida em que a população envelhece e a taxa de natalidade cai, o sistema fica cada vez mais vulnerável, pressionando os governos a aumentar o tempo de contribuição, o que é caro politicamente, ou imprimir mais moeda, causando inflação.

Esgotamento do petróleo

Existe uma alta correlação entre o consumo de energia per capita e o PIB per capita, indicando que o acesso à energia é fundamental para o desenvolvimento de uma nação. Porém, a matriz energética mundial é fortemente baseada em combustíveis fósseis, particularmente o petróleo. Entretanto, esses combustíveis ficam cada vez mais escassos e caros, de maneira que a oferta de petróleo deverá ser menor no futuro, limitando o crescimento econômico. Um aumento do preço da energia causará uma pressão inflacionária em um primeiro momento e uma reação de desenvolvimento de novas tecnologias posteriormente.

Redução dos glaciares

Ninguém tem certeza por qual razão as geleiras do mundo inteiro estão sendo reduzidas, com destaque para os glaciares. Projeções indicam que alguns deles deverão sumir nas próximas décadas. Isso implica na redução do volume de água em rios importantes, como Indo, Ganges, Bramaputra, Yangtzé, Mekong, Danúbio, Reno, Pó, Colorado, Missouri, Mississipi, Amazonas e Paraná. A redução no volume de água implica em uma menor oferta de comida e água no mundo todo, em particular na Ásia. Aqui, mais uma vez, surge uma pressão inflacionária.

Estados ineficientes e ineficazes

No mundo inteiro, os Estados têm problemas de governança e universalização de serviços públicos. Além disso, existem cada vez mais problemas transnacionais que impedem os Estados de resolverem sozinhos seus desafios. Esse problema não só retarda a tomada de decisão como também implica aumento dos custos de transação, sob a forma de impostos. O custo de manter o Estado vem crescendo há décadas como forma de dar conta de problemas crescentes, e com isso se chegou a um limite onde as sociedades começam a clamar por uma maior eficiência da Gestão Pública. Surge um conflito em torno do custo do Estado, isto é, impostos, crises institucionais e Gestão Pública.

Conflito cultural e terrorismo

Na medida em que a globalização avança, grupos sociais diversos entram em contato uns com os outros e isso gera um conflito social e, no limite, terrorismo. Governos do mundo inteiro têm reagido a isso aumentando os gastos com segurança pública e segurança nacional e invadindo a privacidade de seus cidadãos e de outros indivíduos. Surge mais uma vez um conflito em torno do custo do Estado, isto é, impostos, crises institucionais e Gestão Pública.

CRISES POTENCIAIS DA DÉCADA DE 2020

Dimensão	Riscos e crises	Impacto	Tempo	Probabilidade
Política	Conflitos militares por recursos	X	X	
	Conflito cultural e terrorismo	X	X	X
Econômica	Alto preço das commodities		X	X
	Desequilíbrios demográficos	X		X
Social	Desigualdade socioeconômica		X	X
	Envelhecimento da população mundial	X		X
	Crescimento populacional na África e Ásia	X		X
Tecnológica	Esgotamento do petróleo	X	X	X
	Armas de destruição em massa	X	X	

DESAFIOS CONTEMPORÂNEOS DO ESTADO

Dimensão	Riscos e crises	Impacto	Tempo	Probabilidade
Ambiental	Desflorestamento e desertificação	X		X
	Colapso dos ecossistemas dos oceanos	X	X	
	Redução dos glaciares	X	X	X
	Aumento do nível do mar	X		X
	Pandemia global	X	X	
	Inverno vulcânico	X	X	
	Novo mínimo de Maunder	X		
Legal	Estados ineficientes e ineficazes	X	X	X
	Crise dos sistemas de aposentadoria	X	X	X

TABELA 6

Como podemos perceber, tais candidatos de fonte de crise podem ser agrupados em dois tipos: os que geram inflação e os que geram aumento dos impostos e crises institucionais.

Dentro do grupo que gera inflação temos a crise dos sistemas de aposentadoria, o esgotamento do petróleo e a redução dos glaciares. No grupo dos que geram aumento de impostos, crises institucionais e Gestão Pública estão a ineficiência e ineficácia dos Estados, e o aumento do conflito cultural e de sua versão limite, o terrorismo.

3.2.2. A Nova Revolução Tecnológica

Os ciclos de Kondratieff também projetam que, por conta dessa crise, surgirão novas tecnologias, que gerarão uma recuperação na década de 2030, se tornando uma revolução tecnológica na década de 2040. Embora seja difícil prever exatamente quais tecnologias serão responsáveis pela revolução tecnológica quando se analisa os orçamentos de investimento em pesquisa e desenvolvimento do mundo, pode-se criar três grandes grupos de tecnologias que estão em gestação: biotecnologia, robótica e energia.

A biotecnologia inclui a genética, a nanotecnologia, a neuroergonomia e a medicina avançada, e permitirá não só eliminar defeitos genéticos humanos como também aumentar a capacidade humana (HET — Human Enhancement Technologies). Isso permitirá aos países retardar o envelhecimento e aumentar a produtividade, reduzindo gastos de saúde e educação enquanto aumentam a produtividade, ou produto interno bruto (PIB) per capita.

A robótica inclui as inteligências artificiais, sensores e telemática. Aqui, as necessidades militares e econômicas estão se juntando na medida em que se robotiza a guerra e a produção. Os EUA estão com uma política clara de trazer a indústria de volta para seu território depois de quase 40 anos exportando a manufatura. Isso será possível sem explodir os custos de mão de obra graças à robótica e à inteligência artificial. Por conta disso, China, Japão, Coreia do Sul e muitos outros países precisam modernizar seus parques industriais para competir, ou correm o risco de perderem sua posição competitiva.

A energia inclui não só fontes de energia renováveis e novas fontes de energia não renováveis, tais como o gás de xisto, mas também novas formas de manufatura, energia dirigida, tecnologia espacial e eficiência energética. A promessa de curto prazo é o barateamento da energia graças ao gás de xisto, mas, no longo prazo, tecnologias espaciais podem gerar novas fontes de matéria-prima e energia, bem como aumentar o escopo da economia humana para além da Terra, resolvendo o gargalo do crescimento populacional.

Mais uma vez, as lógicas de inovação de Schumpeter se somam às duas dimensões de Tilly para permitir ao Estado criar possibilidades e evoluir para um novo estágio.

3.2.3. Redução dos Gargalos de Crescimento

Todos os países têm interesse em fazer suas economias crescerem, mas existem alguns gargalos comuns e alguns que são específicos de cada um. Os gargalos gerais são energia, infraestrutura viária, infraestrutura de comunicação, educação, pesquisa e desenvolvimento (P&D), e corrupção. Existe uma clara correlação entre esses itens e os custos de transação descritos na Tabela 1 do item 1.2.

O caso específico do Brasil será discutido mais detalhadamente no item 4.2, onde abordaremos o tamanho do desafio e as alternativas de como ele pode ser superado. Algumas questões são mais simples de se fazer o diagnóstico, mas outras têm soluções polêmicas.

3.2.4. Universalização dos Serviços Públicos de Qualidade

Governos no mundo inteiro são capazes de criar serviços públicos de alta qualidade em pequena escala, mas o dever do Estado é prover esses serviços de forma universal.

O desafio que se coloca é de como ganhar em escala mantendo qualidade, ou de como multiplicar os poucos recursos de alta qualidade. Como serviços públicos são fundamentalmente serviços, a questão de replicabilidade se torna central.

A tecnologia vem para ajudar, permitindo o ganho de escala. Aulas podem ser replicadas através de telemática e ensino à distância. A medicina pode ser robotizada e novas tecnologias podem retardar o envelhecimento e aumentar a resistência a doenças, mudando a medicina de um foco hospitalocêntrico para um preventivo, e até mesmo regenerativo.

Segurança pública pode ser melhorada utilizando-se serviços de vigilância eletrônica e sensores modernos, bem como cadeias automatizadas. Serviços podem ser prestados por celular ou computadores através da internet.

Todas essas tecnologias podem reduzir a necessidade de mão de obra e transformar certos serviços em intensivos em tecnologia e capital, em vez de intensivos em mão de obra. Um Estado robotizado e automatizado pode estar surgindo como resposta à necessidade de universalizar com qualidade.

3.2.5. Equilíbrio dos Objetivos de Curto e Longo Prazos

Todas as organizações têm dificuldade de equilibrar seus objetivos de curto prazo com os de longo prazo. No setor privado, isso é bastante difícil e, no setor público, esse equilíbrio foi encontrado através do balanço entre a burocracia profissional e os representantes democraticamente eleitos.

Mas isso gera uma tensão forte e contínua entre uma democracia representativa e uma burocracia profissional. A primeira representa o governo e os objetivos de curto prazo; a segunda, o Estado e os objetivos de longo prazo.

Esse problema foi discutido no item 1.5. O equilíbrio entre esses dois grupos continua a ser um dos desafios do Estado.

3.2.6. Melhoria da Governança Pública

O termo governança é um termo relativamente novo no Brasil, mas o debate sobre como os diversos grupos de interesse são representados é bem antigo. Tal tema foi debatido no item 1.3 e novamente no Capítulo 2, quando observamos a longa gestação do Estado Moderno desde suas origens na Idade Média e até na Idade Antiga.

No entanto, o problema da representatividade está mais presente do que nunca, como ficou demonstrado nos movimentos recentes que começaram com a Primavera Árabe e se estenderam para o Ocidente nos EUA, Europa, Turquia e Brasil. Cada vez mais a população clama por melhores serviços públicos sem aumento de impostos, preferencialmente com redução dos mesmos. Ou seja, deseja que se faça mais com menos, o que só é possível com ganhos de produtividade no setor público através da incorporação de novas tecnologias, ou de inovações no sentido Schumpeteriano do termo.

3.3. SISTEMAS E A REFORMA DO ESTADO

Como podemos perceber, os desafios do Estado não são pequenos, mas a simples análise dos seis grandes desafios nos dá uma resposta parcial para o problema. Uma nova forma de Estado deverá surgir ao incorporar inovações no sentido Schumpeteriano do termo, criando uma evolução do Estado atual.

As tecnologias para tal estão surgindo através de uma nova revolução tecnológica (item 3.2.2), e a justificativa para as mudanças também estão surgindo na forma de crises (item 3.2.1) e movimentos populares que buscam mais governança e eficiência (item 3.2.6). Isso permitirá reduzir os gargalos ao crescimento (item 3.2.3), garantindo universalidade (item 3.2.4) e mantendo um equilíbrio entre o curto e o longo prazo (item 3.2.5).

Em vez de criar um rótulo para esse novo Estado que está para surgir, prefiro utilizar o termo **"reforma do Estado"** por ser genérico e já consagrado. Poderia aqui especular sobre um Estado de alta tecnologia, robotizado ou automatizado, ou ainda Estado Catalisador ou qualquer outra denominação, mas prefiro o termo genérico.

No entanto, para isso se tornar realidade, será preciso identificar e resolver os pontos críticos da administração pública. É o que passaremos a analisar a partir deste ponto.

3.4. PONTOS CRÍTICOS PARA A REFORMA

A lista dos itens 3.4.1 até 3.4.9 inclui os nove temas que considero mais críticos nos Estados atuais e, em particular, no Estado brasileiro. Outros autores podem ter uma visão diferente e a lista certamente não é exaustiva, isto é, poderiam ser incluídos outros pontos, mas creio que, dentro do âmbito dos três poderes, esses são quase uma lista de tarefas, ou problemas a serem atacados.

3.4.1. Custos de Controle

Para se controlar um sistema existem dois custos que devem ser somados, o de controle e o de descontrole.

O custo de controle implica nos gastos do sistema de controle em si, tais como tribunais de conta e ministérios públicos, mas também no custo econômico de oportunidade, que muitas vezes é ainda maior. Esse custo é o retardo de ganhos econômicos por um aparelho público não estar presente.

O custo do descontrole é o de corrupção, sobrepreços e desperdícios.

Para entender melhor, é preciso um exemplo. Imagine uma determinada ferrovia que poderia gerar não só desenvolvimento econômico, mas também impostos. Quanto mais tempo ela demora para ficar pronta, maior é a perda de ambos, o que gera um custo. O mesmo poderia ser dito de um hospital ou uma escola.

Quando somamos os dois, forma-se um perfil de custos similar ao da Figura 22. Podemos ver que as curvas não são lineares e que o custo total menor está em um ponto intermediário.

A Figura 23 mostra dois perfis de fluxos de caixa diferentes, um com custo menor, porém com um prazo de entrega maior, e outro com custo maior e prazo de entrega menor. Isso exemplifica o custo econômico de oportunidade, onde alguns custos maiores são justificáveis se for para adiantar o prazo de entrega de um determinado bem público.

No Brasil, temos dois problemas relacionados a esse tópico. Primeiro, no Brasil, nós controlamos o processo, e não o resultado, o que gera uma morosidade nos projetos, criando um enorme custo econômico. Certos projetos duram décadas, retardando os ganhos em desenvolvimento e até mesmo em coleta de impostos. Em muitos locais do mundo, o controle é feito pelo resultado, o que inclui o prazo de entrega. No Brasil, é comum o custo final da obra ser de 5 a 10 vezes o orçado inicial, e isso sem incluir o custo de oportunidade econômico. Além disso, isso não inibe a corrupção e o desperdício. Como os órgãos de controle são inundados de trabalho, eles só conseguem fiscalizar uma parcela pequena das obras, sendo a maior parte nem fiscalizada.

Custos de controle, descontrole e total

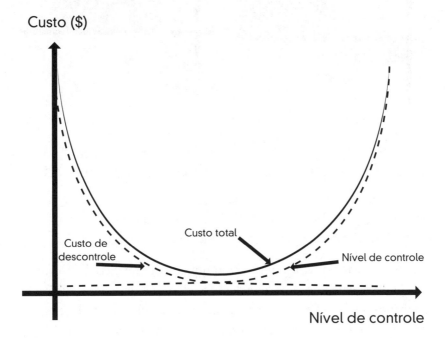

FIGURA 22

O resultado final é o pior dos dois mundos, alto custo de descontrole e alto custo de controle. Uma solução para esse ponto é necessária, mas requer uma coordenação dos poderes executivo, legislativo e judiciário.

Uma solução seria aceitar que custos maiores de execução das obras existem e focar no controle dos prazos e do limite de gasto sem entrar no mérito de como o gasto foi incorrido, o que resultaria em uma menor quantidade de trabalho para os órgãos fiscalizadores, priorização da entrega dos bens públicos e redução do custo de oportunidade econômico.

Custo de oportunidade econômico (perfis de fluxos caixa)

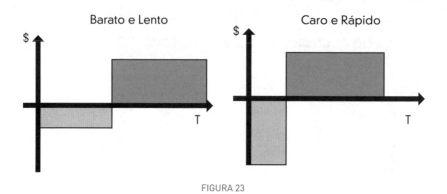

FIGURA 23

3.4.2. Planejamento, Indicadores e Orçamentos

A cultura brasileira é muito mais de execução do que de planejamento. Brasileiros gostam de iniciar a execução de trabalhos sem parar para planejá-los, o que gera uma grande quantidade de retrabalho.

Isso se reflete no setor público com uma predominância do orçamento sobre o planejamento e uma falta de indicadores de resultado. Ao invés do orçamento ser uma ferramenta do planejamento, ele vira o planejamento em si. Isso também não é incomum no setor privado e se chama Planejamento Incremental.

Nos últimos 50 anos, tanto no setor privado quanto governamental, surgiram três formas de planejamento e orçamento que buscam limitar a tendência do Planejamento Incremental de dominar.

Mais recentemente, no setor público, se está buscando aplicar a gestão por resultado, e o orçamento baseado em resultados (ou *performance*). A ele se associa um sistema de indicadores de resultado (ou controle). Entretanto, estamos falando da fronteira do conhecimento, e tais sistemas de planejamento e orçamento ainda estão sendo desenvolvidos.

A Tabela 7 mostra os quatro métodos usuais de planejamento e suas lógicas centrais e limitações. Na prática, acaba sendo mais simples aplicar o

Planejamento Incremental. O problema é que isso não permite à organização lidar com mudanças externas nem internas. O resultado nos governos é que, depois de décadas fazendo Planejamento Incremental, eles ficaram cada vez menos eficientes.

Legalmente falando, o método de planejamento governamental é o Planejamento por Programa (Planning Programing and Budgeting System — PPBS), mas, na realidade, em vez de existirem programas que cortem os diversos programas, o que acabou surgindo foram programas setoriais para cada ministério ou secretaria, quebrando a lógica central da metodologia.

O Orçamento Base-Zero (Zero-Base Budget — ZBB) é pouco utilizado por governos, mas se aplica no tocante ao portfólio de projetos de investimento, onde cada projeto acaba sendo repensado ao longo do tempo. Essa metodologia acaba sendo de difícil aplicação pela natureza processual dos governos, mas, mesmo assim, alguns Estados fora do Brasil a aplicam.

O Orçamento por Resultado (Results Based Budget — RBB), ou por Performance (PBB), tem sido a tendência mais recente por tentar fugir da armadilha mental de "preciso de mais dinheiro" que aflige governos do mundo inteiro e tem levado ao aumento do custo do Estado até o limite.

MÉTODOS DE PLANEJAMENTO E ORÇAMENTO COMPARADOS

Método	Lógica central	Limitações
Planejamento Incremental	Aumento incremental das atividades	Não consegue lidar com mudanças do ambiente e da organização
Planejamento por Programa (PPBS)	Criação de programas que cortam a organização horizontalmente	Muitos programas acabam sendo capturados por departamentos e verticalizados
Planejamento Base-Zero (ZBB)	O planejamento é repensado do zero a cada ano	É apropriado para organizações que lidam com projetos, mas difícil de aplicar nas que lidam com processos

| Planejamento por Resultado (RBB ou PBB) | O planejamento deriva dos resultados que se quer obter | A relação de causa e efeito entre as ações e os resultados nem sempre é clara e direta |

TABELA 7

A lógica central é a de pensar primeiro em quais resultados quer-se obter para depois pensar nas ações, criando uma relação de causa e efeito e uma busca por indicadores tanto de resultado quanto de meio e fugindo de resultados meramente contábeis e econômicos.

Com isso, o sistema de RBB está associado à evolução dos sistemas de indicadores, conforme mostrado na Figura 24.

Evolução dos sistemas de indicadores

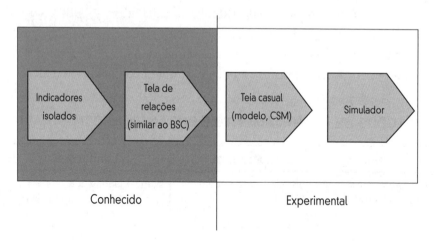

FIGURA 24

O estágio inicial é o de indicadores isolados, em geral apenas de quanto orçamento se tem, que levam a uma mentalidade de "preciso de mais dinheiro" e onde o poder de um ministério ou secretaria está ligado ao orçamento disponível.

O segundo estágio surgiu na década de 2000, depois dos escândalos financeiros e de governança do final da década de 1990. A ideia era combinar diversos indicadores de resultado em várias perspectivas da organização. O modelo mais famoso é o Balanced Score Card (BSC) de Kaplan e Norton. A Figura 25 mostra um exemplo de BSC.

Exemplo genérico de BSC

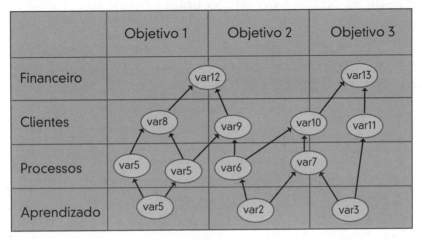

FIGURA 25

Nesse modelo, os objetivos organizacionais cortam as perspectivas que se assemelham aos diversos departamentos de forma similar à prescrita pelo PPBS. Dessa forma, tenta-se combinar as lógicas do RBB com o PPBS de maneira mais simples e direta. As perspectivas usuais são a de aprendizado, processos, clientes e financeiro, e se recomenda até cinco objetivos e quatorze indicadores para evitar ultrapassar a capacidade cognitiva humana.

Existem algumas dificuldades de uso desse modelo para o meio governamental, tal como a perspectiva financeira ser o objetivo final e, portanto, muitas adaptações do modelo serem feitas para a aplicação para o setor público.

O terceiro estágio é um avanço ainda experimental do segundo estágio, onde uma teia de causas e efeitos é montada, mostrando como as diversas variáveis se relacionam criando circuitos (ou *loops*) de causalidade que se autoalimentam (feedback positivo) ou se autorregulam (feedback negativo). Tais modelos são baseados na teoria dos sistemas e são chamados de teias causais (Complete Situation Model — CSM). A Figura 26 mostra um exemplo de CSM.

Exemplo de CSM governamental

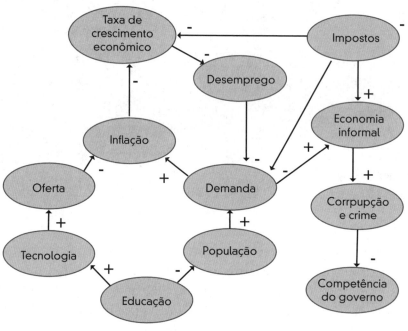

FIGURA 26

Tais modelos são mais complexos e mais completos do que os do estágio anterior e ainda estão, em sua maioria, em desenvolvimento, sendo experimentais para diversas políticas públicas.

O quarto estágio é transformar o sistema de variáveis anterior em um simulador computacional, o que é ainda mais experimental, mas que, teoricamente, permite processos avançados de uso de pesquisa operacional, tais como otimização, redes neurais e inteligências artificiais. Ainda é incerto até onde esse estágio pode avançar.

Resumindo, o processo de evolução de métodos de planejamento e orçamento ainda tem muito espaço para melhoria nas próximas décadas, e as soluções não surgirão prontas, mas evoluirão ao longo do tempo.

3.4.3. Gestão da Cadeia de Suprimento

Nas últimas décadas, a gestão de compras evoluiu para gestão logística e, depois, para a gestão da cadeia de suprimento, conforme mostra a Figura 27.

Entretanto, o arcabouço legal brasileiro continua atrelado à gestão de compras pela Lei 8.666/93, Lei de Licitações e Contratos. Isso gera miopias e induz a erros bastante graves. Tal lei foi um avanço em seu tempo, mas, hoje, uma lei sucessora já se faz necessária para reduzir as distorções causadas por ela.

Um primeiro exemplo de problema é a dificuldade de desenvolver fornecedores. Quando se tem um único fornecedor de um insumo crítico, o natural seria comprar mais caro de um novo fornecedor para criar uma concorrência. Porém, no arcabouço legal atual, isso se torna quase impossível, pois ele não terá comprovação de fornecimento anterior, terá preço menos competitivos e, provavelmente, qualidade inicial inferior. Ou seja, ele perderá qualquer licitação feita com um mínimo de rigor.

Um segundo exemplo é de um fornecedor que produz um insumo crítico, mas que tem pouca demanda e, portanto, pode ficar meses ou anos sem ser requisitado e tem um grande risco de sair do mercado, criando uma lacuna de fornecimento. A solução usual seria comprar dele outros itens de menor importância para estabilizar seu fluxo de receita, reduzir seu risco e, por tabela, o do órgão comprador. Entretanto, isso seria considerado direcionamento e privilegiação de fornecedor, e seria bloqueado pelos órgãos de fiscalização.

Um terceiro problema é um fornecedor de um fornecedor, ou fornecedor de segunda camada, que possa ter um risco de falência. O correto seria intervir nesse fornecedor para melhorar sua situação e reduzir assim o risco de toda a cadeia. Isso seria injustificável pelo arcabouço legal atual, pois ele nem sequer é fornecedor.

Gestão de compras, logística e da cadeia de suprimento

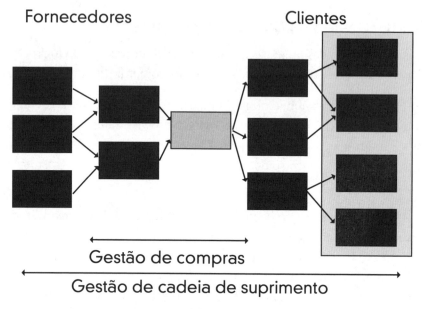

FIGURA 27

O problema central da Lei 8666/93 é que ela pensa apenas a gestão de compras e, ainda assim, com um foco excessivo em gestão de preços, sem preocupação com a entrega dos resultados aos clientes e, principalmente, aos clientes dos clientes, que são os cidadãos, e são a razão da existência do setor público.

Uma forma de resolver esse problema é passar a tratar de forma diferente os que são diferentes e permitir a classificação dos fornecedores em categorias diferentes, dando tratamento diferenciado em função do tipo de insumo, grau de concorrência existente, grau de criticidade e risco envolvido. A Figura 28 mostra uma possível forma de classificação de tipos de insumos que pode ajudar nessa tarefa.

Classificação de tipos de insumos

FIGURA 28

3.4.4. Custo Total de Propriedade

Outro problema grave da administração pública, agravado pela Lei 8666/93 e pela falta de cultura gerencial, é a dificuldade de analisar o custo total de propriedade (Total Cost of Ownership — TCO) nas licitações.

Tal custo é a soma de todos os custos ao longo do ciclo de vida, de maneira a permitir a comparação não apenas do custo de compra no curto prazo, mas do custo total de propriedade, isto é, o custo de comprar, instalar, treinar pessoal, operar, manter, atualizar e desativar. Isso forma um fluxo de caixa no tempo que pode ser trazido a valor presente por métodos financeiros ou simplesmente comparado com um perfil de fluxo de caixa no tempo.

A Figura 29 mostra um perfil de fluxo de caixa no tempo típico, que permite a avaliação do custo total de propriedade.

A Lei 8666/93 não impede que o edital compare tais perfis ou valores, mas também não exige, o que induz ao erro.

Um exemplo típico é o de impressoras cujo custo maior não é o da impressora em si, mas sim o de cartuchos de toner e tinta. Raramente as pessoas analisam os custos da tinta. Em geral, apenas se observa o custo da impressora. Tal estratégia de venda é chamada de "barbeadores e lâminas", pois surgiu originalmente nessa indústria. Na indústria de armamento se costuma dizer que se ganha dinheiro com a munição, e não com o canhão.

Outro exemplo importante é o de tecnologia da informação (TI ou TIC). No setor público, é comum as pessoas acreditarem que software livre tem um menor custo, pois não tem o custo de comprar a licença, o que nem sempre é verdadeiro. Três dos principais custos em TIC são os de treinar, manter e atualizar os sistemas. Nesses casos, os softwares livres não são mais baratos e, em muitos casos, são mais caros. Os preços das licenças acabam sendo muito pequenos perto desses outros componentes de custos.

Outro componente importante dessa decisão é o acordo de nível de serviço (ANS, ou Service Level Agreement — SLA). Dependendo do nível de disponibilidade necessária para o equipamento, o custo total de propriedade tem de ser comparado ao custo de indisponibilidade.

Exemplos desse caso são torres de controle de aeroportos, salas de controle de sistemas elétricos e centros cirúrgicos de hospitais. Nesses casos, se o sistema ficar indisponível, ou "cair", o custo incorrido pode ser muito alto, o que justifica uma série de sistemas mais caros e de backup para reduzir o risco de indisponibilidade.

Nos últimos anos, a tecnologia de computação em nuvem começou a mudar a lógica de centros de backup, por serem, ao mesmo tempo, mais baratos em termos de custo total de propriedade e terem um melhor ANS. Diversos governos têm criado sistemas de computação em nuvem, muitas vezes terceirizados, para dar maior agilidade ao processo e reduzir custos, aumentando o ANS.

Perfil de fluxo de caixa de um custo total de propriedade

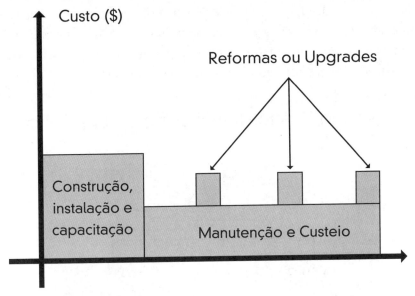

FIGURA 29

3.4.5. Gestão por Competências

A gestão do capital intelectual no setor público é um dos maiores desafios, uma vez que a estabilidade da carreira tem de ser respeitada, bem como o ingresso por meio de concurso público, para garantir certos princípios da administração pública.

A forma de garantir que a pessoa certa vai ficar no lugar certo é a gestão por competências. Uma competência já foi descrita no item 1.6, e sua essência pode ser vista na Figura 15.

Para executar a gestão por competências, é necessário primeiro levantar as competências necessárias para uma determinada organização. Isso passa por um planejamento estratégico onde se pensa quais as necessidades dos perfis de competências que serão necessários no futuro, para então mapear as competências existentes na organização hoje.

Finalmente, pensa-se em atividades para desenvolver a equipe da organização a fim de obter as competências necessárias para as necessidades levantadas. Com isso, em geral se criam trilhas de desenvolvimento onde os indivíduos vão construindo suas competências em alinhamento com as necessidades da organização e "trilhando" suas carreiras.

Exemplo fictício de trilhas no setor público

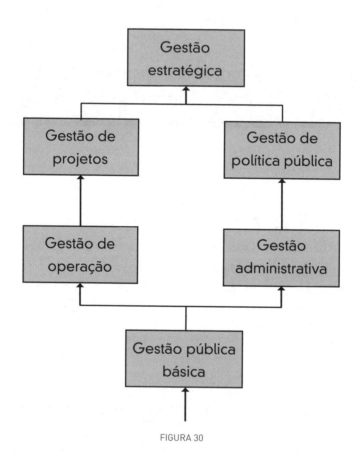

FIGURA 30

DESAFIOS CONTEMPORÂNEOS DO ESTADO

A Figura 30 mostra um exemplo fictício de trilhas no setor público onde as carreiras começam técnicas e seguem por duas trilhas diferentes antes de se unirem no nível estratégico. Ela é uma variação da chamada carreira em "Y".

Na prática, certas competências são difíceis de se desenvolver pois, como mostram as Figuras 1 e 15, no final das contas, depende do indivíduo desejar desenvolver a competência, talvez mais do que a preparação dele para tal. A solução é sempre a de treinar uma grande quantidade de indivíduos de maneira que alguns consigam desenvolver as competências necessárias.

Um outro ponto na gestão de competências é que ela está associada à gestão de carreiras e à gestão de sucessão. Um órgão deveria ser capaz de planejar seu pessoal com grande antecedência, uma vez que os funcionários públicos passam cerca de 30 anos ou mais em seus órgãos.

No Brasil, a estabilidade na carreira ocorre muito rápido, após um estágio probatório que dura, em geral, apenas dois anos, não permitindo realmente selecionar os indivíduos que de fato têm aptidão para exercer as profissões. Além disso, uma vez estável, o indivíduo é quase indemissível e não tem mais muitas barreiras para subir na carreira.

Uma remodelagem dos sistemas de carreira se faz necessária, aumentando o tempo parar atingir a estabilidade e não garantindo a todos a estabilidade. Tal solução seria similar ao que ocorre nas forças armadas do mundo inteiro com o uso de oficiais temporários que não ganham estabilidade a menos que entrem para as academias. Ele também poderia ser similar aos *tenure tracks* (trilhas para estabilidade) de professores universitários do mundo inteiro, onde o indivíduo tem de passar por anos de avaliação antes de se tornar estável.

A ascensão na carreira deveria também ser condicionada ao atingimento de certas metas, tais como a realização de cursos de gestão, ou seja, de seguir as trilhas de desenvolvimento descritas anteriormente de maneira que, para certos cargos, como diretor de escolas e hospitais, apenas os já qualificados poderiam ser indicados — o que não eliminaria o critério de indicação política, mas garantiria que o indicado político tivesse pelo menos o conhecimento necessário para exercer o cargo.

Tal tipo de estrutura de carreira já existe nas forças armadas e diplomáticas do mundo inteiro, pois são as áreas de Estado que mais rapidamente se profissionalizaram na história. A ideia seria estender essa lógica para diversas outras áreas. Cargos comissionados devem existir, mas em número bem menor do que existem hoje.

3.4.6. Regulação

O tema da regulação já foi tratado inicialmente no item 1.3. Neste item, gostaria apenas de ressaltar a importância da independência das agências reguladoras em razão do fenômeno do conflito de interesses. Um conflito de interesses pode ocorrer quando um agente está envolvido em múltiplos interesses e, portanto, duas ou mais de suas atividades podem estar em conflito em relação aos seus interesses.

Esse é o caso de governos em geral quando têm de se autorregular. A autorregulação é extremamente ineficiente, pois o agente não tem interesse em ser rigoroso consigo mesmo. No caso de agências reguladoras, o governo tem o interesse de gerar ganhos políticos de curto prazo para si em detrimento de ganhos de longo prazo para a sociedade.

As agências reguladoras são, em sua essência, agentes de Estado, e não de governo. Elas têm como principal tarefa pensar no longo prazo e na sociedade, pensando em ganhos econômicos e de desenvolvimento. Governos, ao contrário, têm interesses políticos e de curto prazo muito fortes.

Dessa forma, quando o governo utiliza a agência reguladora para seus próprios interesses de curto prazo, ele distorce as funções da mesma, gerando problemas para a sociedade e para governos futuros.

A solução é simples, mas de difícil aplicação. Consiste em permitir que a quase totalidade dos funcionários das agências reguladoras sejam de carreira. A dificuldade é grande, pois existe a tentação de que um determinado governo relaxe as regras de entrada e tente ocupar os cargos das agências com seus indicados.

3.4.7. Gestão de Projetos

A gestão de projetos é um tema cada vez mais presente em todas as organizações, mas, em governos, elas são geralmente pouco entendidas, devido a governos serem fundamentalmente estruturas baseadas em processos.

Estrutura de EGP com status de secretaria

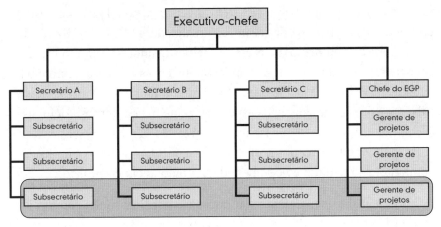

FIGURA 31

Como dito anteriormente no item 3.1, projetos se caracterizam por terem fim, enquanto processos se caracterizam por continuarem indefinidamente. Pretendo discutir projetos no âmbito governamental por três ângulos: estrutura, metodologia e desenvolvimento organizacional.

A estrutura mais adequada para o ambiente governamental é a de matriz forte, que consiste na criação de uma equipe permanente para cuidar dos projetos, não tendo assim o conflito de interesse de que o projeto se arraste indefinidamente para garantir seu emprego. Além disso, ela não divide sua atenção, competência e tempo entre atividades de processo e de projeto, sendo totalmente focada em projetos.

Tais estruturas podem estar ligadas às casas civis, mas, em geral, é melhor estarem sob o comando das secretarias de planejamento ou serem uma secretaria em si mesmas. A Figura 31 mostra uma estrutura onde um Escritório de Gerenciamento de Projetos (EGP) foi criado com status equivalente de uma secretaria e pode, portanto, coordenar as ações de diversas secretarias.

O segundo ponto é da metodologia, que já foi abordado no item 3.1, mas vale a pena retomar aqui. Existem diversas metodologias de gestão de projeto, mas quatro se destacam na atualidade: PMI, PRINCE2, Agile e Scrum. As duas primeiras se prestam melhor quando se tem um escopo bem definido, e as duas últimas quando não se tem essa situação. Embora a metodologia PMI tenha ganho muita força nos últimos anos, a metodologia PRINCE2 é que foi desenvolvida especificamente para governos. Além disso, em muitos projetos, o que faz mais sentido são as metodologias Agile e Scrum, pois grande parte dos projetos governamentais não são obras físicas e, portanto, não têm um escopo bem definido no início do projeto.

O ponto final é que, se uma organização vai trabalhar muito com projetos, ela na verdade tem de ser remodelada para lidar com isso e, portanto, faz sentido pensar em desenvolvimento organizacional. Nesse caso, o modelo de Kerzner (2006) é o que eu recomendo. Ele vê seis dimensões de desenvolvimento organizacional, conforme mostra a Figura 32.

Processos integrados dizem respeito a uma maior interação entre as diversas secretarias na hora de desenvolver os projetos. No modelo original, a discussão ocorre entre as áreas de Marketing, Produção e Pesquisa e Desenvolvimento (P&D), pois essas são as divisões típicas de empresas. No ambiente de governo, os equivalentes dessas áreas são Planejamento, Casa Civil, Desenvolvimento, Obras e o próprio EGP.

A Casa Civil e o Planejamento têm um papel central, equivalente ao Marketing, de entender o que o cidadão precisa e, nesse sentido, garantir a orientação para o mercado. Deles deve vir a necessidade dos projetos em termos tanto políticos (Casa Civil) quanto econômicos (Planejamento).

Eles devem se entender e articular pelo menos a cada quatro anos para decidir quais projetos devem ser avançados. Preferencialmente, a partir de um portfólio de projetos de longo prazo.

Idealmente, deverá existir um plano diretor de 20 anos com grandes projetos a serem executados nesse período, e a cada quatro anos se decide quais deles terão seus projetos básicos feitos, quais terão seus projetos executivos feitos a partir dos projetos básicos preexistentes e quais serão implementados dentre aqueles cujo projeto executivo já existir. Assim, se teria uma carteira de projetos de longo prazo rolando progressivamente a cada quatro anos.

Modelo de Kerzner de desenvolvimento organizacional

FIGURA 32

A Secretaria de Obras, ou Infraestrutura, tem o papel importante de montar os planos básicos e executivos das obras de infraestrutura, bem como licitar e acompanhar a execução das obras em si.

Desenvolvimento e Planejamento devem realizar os projetos básicos e executivos dos projetos que não são infraestrutura, bem como licitar e acompanhar a execução dos mesmos, sendo que desenvolvimento, em geral, ajuda grandes projetos privados em sua articulação com o governo.

Cabe ao EGP coordenar os projetos em andamento e fazer a ponte entre as várias secretarias. Devido ao seu papel também central, ele pode estar subordinado à Casa Civil ou ao Planejamento, o que depende do cunho mais político ou econômico do Executivo-chefe.

A cultura diz respeito à construção de uma cultura onde todas as secretarias envolvidas buscam a superação de problemas, enfrentamento de problemas, senso de pertencimento (espírito de corpo) e excelência na execução dos projetos. A construção de uma cultura leva tempo, mas, uma vez criada, é uma poderosa ferramenta de eficiência e eficácia.

O suporte gerencial diz respeito à criação e ao suporte de projetos apenas para aqueles que foram sancionados pelo chefe do executivo, evitando projetos paralelos e projetos "mascotes", que desviam a atenção e os recursos.

Treinamento e ensino é a dimensão que se preocupa com o desenvolvimento das equipes diretas e indiretas nas metodologias de gestão e execução de projetos, uma vez que é necessário que as equipes se aprimorem.

Gestão de equipes de projetos se contrapõe à gestão hierarquizada e centralizada. Projetos são executados por equipes coesas e de alta performance, onde todos os membros da equipe se preocupam com o resultado do projeto, e não apenas com suas tarefas individuais.

A excelência comportamental se relaciona com a liderança e a formação de líderes dentro das equipes, bem como a motivação e o senso de pertencimento (espírito de corpo). Naturalmente, ela tem uma relação forte com a cultura e a gestão de equipes.

No geral, o modelo de Kerzner fala de fatores que superam um projeto em si e que perpassam toda a organização. Ele diz, ainda, que existem estágios para uma organização atingir a maturidade na gestão de projetos e que isso não ocorre imediatamente, levando alguns anos para se desenvolver.

3.4.8. Parcerias Público-Privadas (PPP)

Conforme explicado no item 3.1, o termo Parceria Público-Privada (PPP) engloba cinco formas gerais: terceirização, concessão, empresa de capital misto, Private Finance Initiative (PFI) e integradores. Porém, no Brasil, se costuma entender a PPP apenas como o que se chama no exterior de PFI, e é nesse caso que iremos nos concentrar neste item.

Basicamente, a PFI foi desenvolvida como uma nova forma de licitação com o objetivo de evitar certos incentivos errados que existem no sistema tradicional de licitação.

Em uma licitação tradicional, se cria um contrato onde se licita a construção e depois a transferência para o governo (BT ou Build-Transfer). Em uma PFI, se licita a construção, operação e posterior transferência para o governo (BOT ou Build-Operate-Transfer). Também existe a modalidade onde se licita o projeto, construção, operação e posterior transferência para o Governo (DBOT ou Design-Build-Operate-Transfer).

A primeira motivação para fazer uma PFI é que, em uma licitação tradicional, se cria um incentivo para que os participantes façam propostas irreais para ganhar o contrato, pois eles sabem que o menor preço vencerá e que, depois, o prazo eleitoral permitirá a eles fazerem um aditivo de contrato. Na verdade, é a mesma situação que ocorre com uma pessoa física ao fazer uma obra em sua casa, ao pedir tipicamente três preços e escolher o menor. É criado um incentivo para os pedreiros mentirem no preço. São raros os casos onde uma obra pessoal na própria casa se encerra dentro do prazo e orçamento estimado. O sistema de incentivos errado é o mesmo.

Assim sendo, o contrato da PFI paga pela disponibilidade de um certo nível de serviços, ou Acordo de Nível de Serviço (ANS). Por exemplo, se paga por um certo número de leitos de hospital, vagas de presídio ou vagas escolares.

Dessa forma, o construtor e operador não tem motivo para atrasar a obra nem fazer um aditivo ao contrato, pois só começa a receber quando começa a operar e, assim mesmo, com o número de vagas disponibilizadas.

É importante notar que o contrato deve ser por capacidade disponibilizada e não utilizada, senão se cria um incentivo para aumentar o uso baixando a qualidade do serviço prestado. Por exemplo, aumentando a reprovação em escolas, baixa resolutividade em hospitais e aumento de penas em presídios.

Penalidades podem ser colocadas nos contratos por problemas de todo tipo. Lembre-se que um contrato é um sistema de incentivos e que as pessoas respondem aos incentivos, conforme discutido no item 1.1.2.

Outro ponto importante é que, como o custo de manutenção é do operador, ele tem todo o interesse em fazer com material de boa qualidade e que seja fácil de manter.

A Figura 33 mostra os dois perfis de fluxo de caixa comparados. O perfil sombreado é o da PFI, que está deslocado no tempo, só ocorrendo desembolso quando o aparelho público entra em operação.

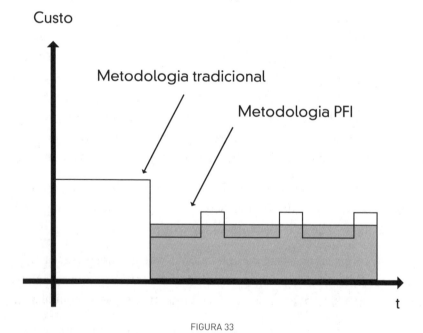

FIGURA 33

Uma segunda motivação importante é que o governo não tem mais de fazer o investimento inicial, passando essa parcela do custo total de propriedade para o operador e, com isso, reduzindo o gargalo de disponibilidade de orçamento.

Entretanto, é importante notar alguns cuidados. Primeiro, é necessário se criar uma empresa de propósito específico (SPV ou Specific Purpose Vehicle Company). A lógica é limitar o risco tomado pelo operador. Uma vez que tal empresa tem um fluxo de caixa garantido pelo contrato de PFI, ela se sentiria tentada a aumentar seu risco, uma vez que tem bom fluxo de caixa futuro garantido. Isso aumentaria o risco de falência no meio da operação, o que não interessa ao governo. Portanto, criar uma empresa com o propósito específico é uma necessidade.

A Figura 34 mostra a estrutura típica de uma negociação de PFI. Na esquerda está o governo; no centro, a SPV; e, na direita, quem capitaliza a SPV, isto é, seus sócios e os bancos que fizeram o empréstimo.

Estrutura típica de uma contratação via PFI

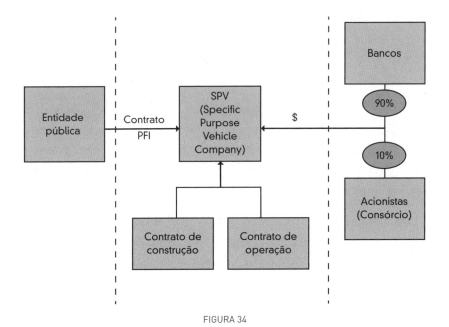

FIGURA 34

Um segundo cuidado é que, uma vez feito esse contrato, os pagamentos futuros ficam compromissados pela duração do mesmo, o que reduz o orçamento discricionário, ou livre para alocação por parte do governo. Assim sendo, por um lado é bom, pois não se pode deflacionar o custeio, deixando o aparelho público deteriorar e operar abaixo das condições normais; mas, por outro lado, "engessa" o orçamento.

A solução típica para tal é criar um fundo garantidor que pode pagar o contrato mesmo se o governo não tiver disponibilidade. Para tal, esse fundo garantidor deve ser capitalizado com bens de bastante liquidez para permitir que não haja descontinuidade no fluxo de caixa do operador e, por consequência, no serviço prestado.

A evidência empírica no mundo todo é que as PFIs melhoram a taxa de entrega de obras no prazo a custo inicial de 20% para 80%, e seu nível de qualidade e disponibilidade é muito superior aos aparelhos operados pelo Estado. Isso se dá por dois motivos simples. O primeiro é que o parceiro privado tem uma maior flexibilidade legal para operar, não tendo de se submeter às tantas limitações de ordem jurídica que um órgão público precisa por força de sua natureza. O segundo é que o parceiro privado vê a operação como fonte de receita e tem incentivo para continuar prestando serviço, enquanto o governo sozinho vê a operação como custo e tem o incentivo para reduzir ou terminar a mesma.

3.4.9. Inovação

Um dos principais problemas brasileiros é o baixo investimento em inovação por parte do governo e do setor privado. Além do problema de orçamento, existem dois problemas que quero abordar: a gestão dos riscos e a estrutura financeira de apoio.

Inovação, além de envolver uma grande quantidade de dinheiro investido, tem um resultado incerto. A Figura 35 mostra, na parte direita, os três grandes problemas, que são o risco de demanda, os custos afundados (ou irrecuperáveis) e os custos fixos para se manter uma estrutura de pesquisa e desenvolvimento (P&D).

Do lado esquerdo, a figura mostra as soluções para gerenciar esses riscos. Lembramos que riscos nunca são eliminados, apenas gerenciados para se tornarem menores e, portanto, toleráveis.

Gestão de riscos de inovação

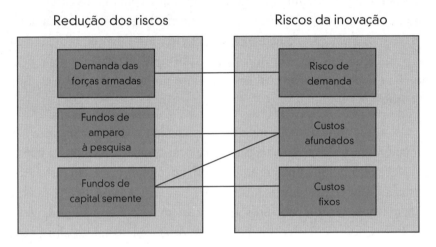

FIGURA 35

O risco de demanda é o de, depois de uma inovação ser levada a efeito com todos os custos envolvidos, ela acabar não tendo demanda por parte do mercado, ou a demanda ser muito pequena ou por um espaço de tempo muito curto, de maneira que os investimentos nunca se paguem.

A solução para esse problema no mundo inteiro passa por garantir uma certa demanda por parte do governo, em geral por parte das forças armadas. Para tal, em geral, se tenta desenvolver tecnologias duais, isto é, que servem para as forças armadas, mas depois podem gerar produtos para o mercado consumidor. Os computadores talvez sejam o melhor exemplo das últimas décadas. Criados por demanda do *Department of Defense* (DoD) dos EUA, eles foram sendo desenvolvidos até se transformarem em um produto de consumo.

As diversas tecnologias descritas no item 3.2.2 podem vir a ser desenvolvidas em parte com a ajuda de demanda garantida por parte do governo, que não faz a pesquisa diretamente, mas financia empresas de pesquisa, as chamadas *think tanks* dos EUA. Esse termo nasceu da ideia de empresas que literalmente "pensavam em tanques de guerra", mas hoje o termo é associado à pesquisa militar em geral e à pesquisa com fundos do governo. Isso é mais eficiente do que a pesquisa interna do governo, mais uma vez pela menor limitação do arcabouço legal e do incentivo de receita, além de permitir ao governo selecionar diversas empresas para competirem ao mesmo tempo e verificar qual se sai melhor no desenvolvimento de uma determinada solução.

Os custos afundados de uma pesquisa podem nunca ser pagos e são, portanto, um risco muito alto para se colocar capital. Tal capital é irrecuperável caso a pesquisa não resulte em um novo produto. Além disso, para se manter um centro de pesquisa existem os custos fixos, isto é, salários e manutenção de equipamentos, que incorrem, exista ou não pesquisas e resultados. Juntos, tais custos geram um desincentivo muito alto para a pesquisa e, em geral, as empresas só bancam esses custos se forem relativamente pequenos e puderam ser diluídos em um esquema de capital de risco (*venture capital*).

A solução requer uma saída dupla, com fundos de investimento em pesquisa e a criação de fundos de capital de risco. Os fundos de investimento em pesquisa fornecem capital barato para os pesquisadores, de maneira que fica viável assumir um maior risco. No Brasil, hoje, isso ocorre basicamente através dos fundos de amparo à pesquisa (FAPs), mas estes investem pouco, e em pesquisadores, não empresas. Já os fundos de capital de risco, ou semente, são quase inexistentes.

Isso nos leva à estrutura de financiamento em relação ao ciclo de vida de inovação, mostrado na Figura 36.

Estrutura financeira de apoio à inovação

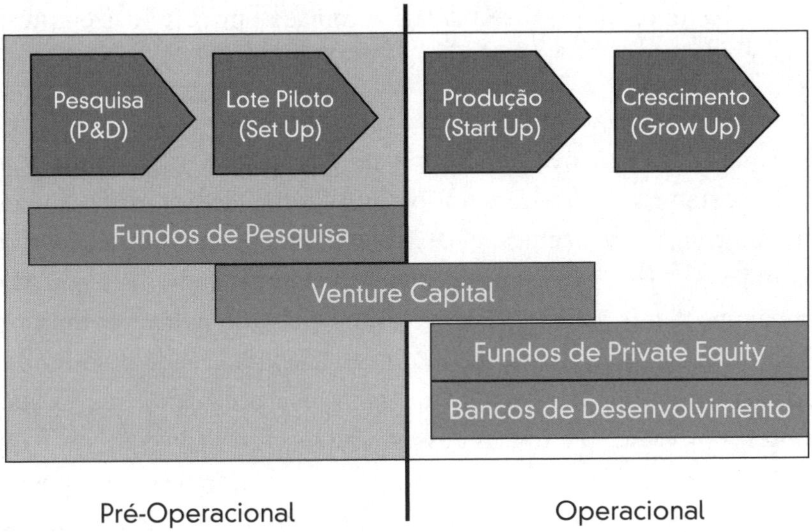

Pesquisa (P&D) — Lote Piloto (Set Up) — Produção (Start Up) — Crescimento (Grow Up)

Fundos de Pesquisa

Venture Capital

Fundos de Private Equity

Bancos de Desenvolvimento

Pré-Operacional | Operacional

FIGURA 36

Existem tipicamente quatro estágios de inovação, que são mostrados no topo da figura através de setas. A pesquisa inicial leva a um protótipo, uma produção de bancada e uma patente. Daí se parte para um lote piloto, ou produção em pequena escala, onde as condições tentam ganhar escala mantendo as propriedades do protótipo. O próximo passo é entrar em operação com produção seriada e venda ao mercado de um produto já testado. Finalmente, após algum tempo no mercado, a empresa tende a querer expandir e ampliar sua escala de produção.

As barras abaixo das setas mostram os tipos de financiamento comuns para cada estágio. O problema no caso do Brasil se encontra justamente nessa parte. Os fundos de amparo, conforme dito anteriormente, não só investem pouco, mas, em geral, investem em pesquisadores, e não em empresas de pesquisa (*think tanks*). Quase não existem fundos de capital de risco (*venture capital*). Os poucos fundos de *private equity* privados evitam investimentos de mais alto risco, preferindo empresas mais consolidadas. Finalmente, os bancos de desenvolvimento, tanto federais quanto estaduais, tendem a pedir muitas garantias para conceder empréstimos, o que inviabiliza sua tomada por parte das empresas de pequeno porte.

Um ponto final é a capacitação dos pesquisadores, que revela o problema de se investir neles isoladamente em vez de em empresas. Para ser competente em sua área, um pesquisador se dedica quase que exclusivamente à parte técnica, e não à parte administrativa e empresarial. Seu objetivo é, em geral, publicar artigos científicos, livros técnicos e, no máximo, gerar patentes. Ele não está capacitado para criar uma empresa e, em geral, nem tem esse interesse. Sua visão é a de pesquisador. Para gerar uma indústria de pesquisa, se faz necessário que existam empresas privadas que tenham esses pesquisadores como sócios e que continuem a ser professores e pesquisadores, mesmo que de universidades públicas. Isto é, deve-se criar um forte incentivo para os pesquisadores se associarem a empresários para empreenderem e gerarem novas patentes, produtos e empresas.

3.5. OS CUSTOS DA REFORMA E DA NÃO REFORMA

O leitor deve estar se perguntando como fazer tantas reformas no Estado, mas essa não é a pergunta correta, e sim qual o custo de não fazer tais reformas. Toda decisão tem um custo, mas a não-decisão também tem.

O Brasil, como sociedade, tem evitado os custos políticos maiores de fazer reformas e isso tem criado diversos custos que, em geral, são chamados de "custo Brasil", os quais envolvem todos os custos de fazer negócios e viver no Brasil. Tais custos poderiam ser desdobrados nos custos de transação, custos de produção e custos de vida. No geral, esse custo está ficando proibitivamente alto e tem feito a pressão da sociedade sobre os governos em geral aumentar, como se viu nos protestos de junho de 2013.

Nosso próximo capítulo analisa em mais detalhes o caso brasileiro e suas potenciais soluções, servindo de guia para os eleitores, funcionários públicos e políticos.

CAPÍTULO 4
UMA AGENDA PARA O BRASIL

Neste capítulo, iniciaremos analisando os principais desafios do Brasil a partir de uma visão de seu dinamismo atual e de seus gargalos ao crescimento, e finalizaremos com uma agenda propositiva potencial para futuros governos.

Este capítulo não quer servir de manual de operações, ele quer servir de guia para eleitores, funcionários públicos e políticos pensarem nossos desafios e potenciais soluções, criando debates que podem levar a decisões que hoje são de difícil consenso.

4.1. O CONTEXTO BRASILEIRO

Partirei da análise territorial do Brasil através do modelo que desenvolvi na FDC para comparar territorialmente as nações emergentes no *Emerging Markets Report* (Alves, 2014). Em vez de uma descrição geográfica típica encontrada em atlas e na internet, nós preferimos criar uma metodologia própria, mais prática para aplicação em gestão de negócios e políticas públicas.

Dessa forma, foi criada uma "escala" na forma de seis tipos de território encontrados em um país emergente, e mapas foram feitos para cada uma das nações estudadas, sendo elas, inicialmente, Brasil, Rússia, Índia, México e China (ou BRIMCs), depois para outras regiões de interesse de alguns dos clientes da FDC, tais como Turquia e Indonésia, e finalmente se expandindo para regiões como América Latina, África, Oriente Médio e Sudeste da Ásia.

Três estudos influenciaram essa análise: o planejamento territorial do Ministério do Planejamento do Brasil (MPOG, 2008), o livro Nove Nações da América do Norte (Garreu, 1981) e sua adaptação para a China por Patrick Chovanec (Chovanec, 2012). No caso da Rússia, houve uma ajuda por parte da *Skolkovo School of Business*.

Os nomes das regiões foram arbitradas como sendo: *Heartland* (Região Principal), *Land of Opportunity* (Terra da Oportunidade), *Frontier* (Região de Fronteira), *Preserve* (Região Conservada), *Middle Lands* (Região Intermediária) e *Challenge* (Região Desafiadora). Os nomes em inglês derivam do texto original, que foi escrito integralmente nessa língua.

As regiões do Brasil são muito parecidas com as usadas pelo Ministério de Planejamento (MPOG) no planejamento territorial (MPOG, 2008). A única diferença é que, em vez de nomes genéricos, designamos nossos nomes de regiões, e o Estado do Acre e áreas próximas foram incluídos na Região de Fronteira (*Frontier*). Isso ajuda o nosso modelo a se manter alinhado com documentos existentes dos governos dos BRIMCs.

A linha principal que divide o Brasil é a que segrega a Região Principal (*Heartland*) e a Região de Fronteira (*Frontier*), que tem um alto índice de desenvolvimento humano (IDH), do resto do país. A segunda linha importante é a que corre quase paralelamente à costa e reflete um processo de colonização feito da costa para o interior, mas bloqueada ao norte pela selva e por uma região semiárida e ao sul pelas montanhas do escudo brasileiro. Duas linhas auxiliares separam o bioma amazônico (*Preserve*) e a caatinga (*Challenge*) do cerrado que cobre a Região Intermediária (*Middle Lands*).

Região Principal (*Heartland*)

É composta das regiões Sudeste e Sul. Essa região tem uma economia bem desenvolvida e um alto IDH, produto interno bruto (PIB) per capita e densidade populacional. Embora não inclua a capital, uma grande parte do poder político está concentrado nessa região. A indústria e o setor de ser-

UMA AGENDA PARA O BRASIL

viços são bem desenvolvidos e existe um alto nível de competição econômica, bem como de consumo. Essa região se desenvolverá no futuro, mas em um ritmo mais lento do que outras áreas, pois já é bem desenvolvida e, pela lei dos retornos decrescentes, é natural que cresça mais lentamente.

Terra da Oportunidade (*Land of Opportunity*)

Localiza-se na costa das regiões Norte e Nordeste. Nesse local, as grandes cidades empobrecidas estão crescendo rapidamente e uma grande parte da população está aumentando seu poder de compra. Na medida em que a área cresce, novas oportunidades de comércio, indústria e serviços surgem. Novas indústrias têm vindo se localizar nessa região para atender à demanda crescente. Tal aumento gera oportunidades não só para as empresas, mas também para indivíduos que se mudam para a região em busca dessas oportunidades. Um grande contingente de imigrantes tem vindo do Sudeste do Brasil, bem como do exterior. Isso inclui aposentados da Europa e dos EUA.

Região Preservada (*Preserve*)

É o bioma da selva amazônica. Essa região tem uma baixa população, densidade populacional, IDH e PIB per capita. Essa região não está se desenvolvendo pelo fato de não haver uma tecnologia que permita seu desenvolvimento sem a destruição do bioma. Porém, ela tem sido reduzida em área pela expansão da Região de Fronteira e da Região Intermediária. Existem muitos recursos nela, mas sua exploração é sempre associada a impactos ambientais e sociais junto aos indígenas. Geopoliticamente, essa região se estende para dentro dos países vizinhos, como Peru, Equador, Colômbia, Venezuela, Guiana, Suriname e Guiana Francesa.

Região de Fronteira (*Frontier*)

É a fronteira de agronegócio do Brasil que está se expandindo muito rapidamente para o Centro-Oeste. Na medida em que o agronegócio cresce, o PIB per capita sobe, bem como o IDH e a densidade populacional. Essa expansão vem gerando tensões com os países vizinhos do Paraguai e Bolívia, na medida em que parte desses países formam um contínuo com essa

145

região sob o ponto de vista geopolítico. As populações e as economias vêm se fundindo rapidamente. Tal região deve se desenvolver de forma similar ao que ocorreu no Meio-Oeste dos EUA no final do século XIX e começo do século XX, quase que com um século de defasagem.

Região Intermediária (*Middle Lands*)

Consiste do cerrado, uma vegetação intermediária entre a selva e o semiárido. Essa região ainda é pouquíssimo desenvolvida, com baixa densidade populacional, PIB per capita e IDH, mas novas infraestruturas de energia e transportes vêm sendo desenvolvidas, tais como a ferrovia norte-sul. Essa região se desenvolverá mais fortemente na metade do século XXI, na medida em que ela se transformar na nova fronteira agrícola do Brasil.

Região Desafiadora (*Challenge*)

É a caatinga, ou semiárido, com uma baixa densidade populacional, bem como baixo PIB per capita e IDH, mas projetos de irrigação, tais como a transposição do Rio São Francisco, e de transporte, como a ferrovia trans-nordestina, estão tentando criar soluções para o desenvolvimento dessa região, que desafia a sociedade brasileira desde sua descoberta, sendo um bloqueio à penetração do território brasileiro desde os estágios iniciais da colonização.

A Figura 37 mostra as seis regiões no mapa brasileiro.

Tal análise nos permite perceber não só como o território brasileiro é, mas também como ele deve se desenvolver nas próximas décadas conforme as regiões migram e mudam.

A partir do território, passamos a analisar a população que ocupa esse território, e quatro fenômenos interligados estão ocorrendo: a urbanização, uma menor taxa de fecundidade, um aumento da longevidade e um aumento da renda per capita.

Ao longo das últimas décadas, a taxa de fecundidade, isto é, o número de filhos por mulher, vem caindo. Isso fez com que as estruturas familiares brasileiras mudassem de tamanho conforme a população se urbanizava. Saímos de grandes famílias do campo para pequenas famílias urbanas.

As seis regiões do Brasil

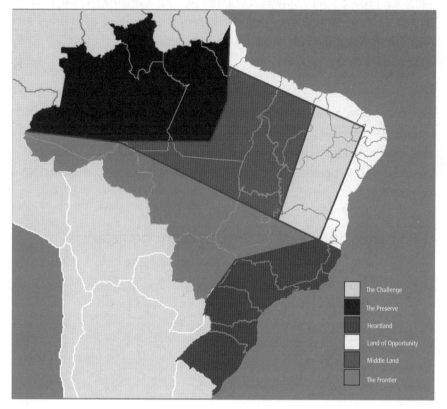

FIGURA 37

Nas cidades, o acesso a melhores condições de alimentação e saúde aumentaram a longevidade e reduziram a taxa de mortalidade. O acesso a água encanada, geladeiras e luz elétrica, bem como melhores escolas e postos de saúde contribuíram para essa revolução silenciosa.

Com menos filhos, mais educação e melhores oportunidades, a população ganhou em produtividade e pode acumular mais bens, aumentando também o consumo. Isso elevou a renda per capita e a qualidade de vida do brasileiro médio.

Isso fez o Brasil passar de um país de jovens pobres do campo nas décadas de 1960 e 1970 para uma população adulta urbana de classe média na atualidade. Seguindo essa tendência, dentro de trinta anos, o Brasil será uma nação de meia-idade urbana mais abastada.

Nossa pirâmide etária passou de quase uma agulha na década de 1970 para se transformar no triângulo da década de 2010. Na década de 2040, ela deve se tornar uma torre. Para além disso, depende de quais avanços na tecnologia permitirão aumentar a longevidade e como vai se comportar a taxa de fertilidade. Se não houver mudanças radicais, ela poderá se transformar em um cogumelo. A Figura 38 mostra os quatro formatos típicos de pirâmides demográficas

Formatos típicos de pirâmides demográficas

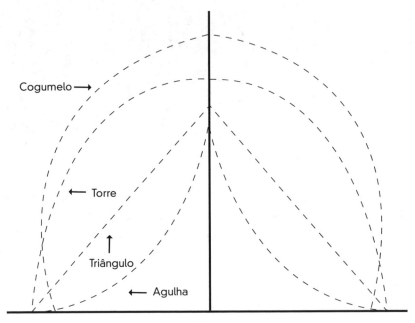

FIGURA 38

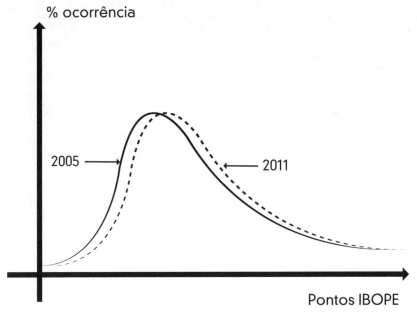

FIGURA 39

A Tabela 8 mostra os dados da urbanização e da decorrente redução da fecundidade total e aumento da longevidade. Isso tem feito muitos brasileiros conseguirem aumentar seu consumo e, como o critério de classificação de classes sociais do IBOPE, especificamente o Critério Brasil, é baseado em níveis de consumo, isso fez com que as classes D e E diminuíssem de tamanho e a classe C aumentasse, tendo de ser dividida em duas (C1 e C2). Entretanto, a desigualdade brasileira medida pelo índice de GINI tem caído pouco.

SÉRIE HISTÓRICA DE ALGUNS DADOS DEMOGRÁFICOS

	1960	1970	1980	1990	2000	2010
Urbanização (%)	45	56	66	75	81	87
Taxa de fecundidade total (filhos /mulher)	6,28	5,76	4,35	2,89	2,38	1,90
Expectativa de vida ao nascer (anos)	55	58,6	62,5	66,9	70,4	74,1

TABELA 8

Muitos confundem os dois fenômenos. O fato da classe média ter crescido para se tornar a maior de todas não quer necessariamente dizer que a desigualdade tenha reduzido. A Figura 39 mostra esquematicamente o que ocorreu. O consumo aumentou e a desigualdade, medida pela assimetria da curva, diminuiu, mas não muito. Entretanto, ao olhar para os cortes do Critério Brasil, parece que a classe média dobrou de tamanho. De qualquer forma, houve um avanço importante.

As perspectivas de aumento do consumo e da produtividade brasileira nas próximas décadas são boas se forem eliminados alguns gargalos que ainda limitam nosso crescimento.

4.2. GARGALOS AO CRESCIMENTO

Podemos citar sete grandes gargalos ao desenvolvimento brasileiro: protecionismo excessivo, falta de infraestrutura viária, falta de energia, sistemas legal e tributário complexos, educação, baixo investimento em pesquisa e desenvolvimento, e falta de investimento em defesa e segurança pública. Alguns desses itens requerem mudanças políticas muito mais do que custos de investimento, mas outros requerem grandes quantidades de investimento, e o governo não será capaz de fazer isso sozinho.

4.2.1. Protecionismo Excessivo

Protecionismo em demasia é tão prejudicial quanto ausência de protecionismo. Existe uma dosagem a ser regulada de protecionismo. A palavra administração vem de administrar um remédio. Se a dose é alta demais, pode matar o paciente e, se for baixa demais, pode ser inócua.

No caso brasileiro, a sociedade em geral tem medo de abrir a economia demais, em parte por um histórico colonial onde os portugueses mantiveram a economia fechada por muito tempo, assim como os governos ditatoriais brasileiros. Tal protecionismo acabava sendo uma desculpa para manter os oligopólios nacionais protegidos e evitar terem de ser eficientes na competição.

Na década de 1990 houve uma abertura da economia brasileira que vem se revertendo na última década. O resultado tem sido um baixo nível de competição nos mercados internos, gerando baixo avanço tecnológico e preços altos. Em 2012, o Brasil tinha a menor taxa do mundo de bens importados como uma percentagem do PIB (13%). Valor abaixo até mesmo de países sabidamente fechados, como Cuba (19%).

A Figura 40 mostra meu entendimento de como isso ocorre apesar de, em geral, as pessoas reclamarem muito dos preços altos, baixo nível de competição, e existência de oligopólios e monopólios. Seria de se esperar, portanto, que a população em geral votasse contra esse tipo de política econômica, mas isso não ocorre.

Existe um estímulo por parte dos oligopólios e monopólios do medo do investimento estrangeiro no Brasil através de um nacionalismo exagerado e de um comportamento de vítima que cria uma sensação de que os estrangeiros vieram para "roubar o Brasil". Isso cria uma aversão ao risco muito forte na população em geral, que vota em partidos e políticos com propostas protecionistas, geralmente sob rótulos de nacionalismo e "anticapitalismo". O capitalismo é vendido como um vilão sem cara, responsável pelas mazelas brasileiras e dos indivíduos em um comportamento tipicamente de vítima. Muitos estrangeiros acham engraçado o fato dos brasileiros dizerem que a fonte dos problemas do Brasil se encontra fora do Brasil e veem esse comportamento brasileiro como uma postura infantil.

Modelo de protecionismo brasileiro

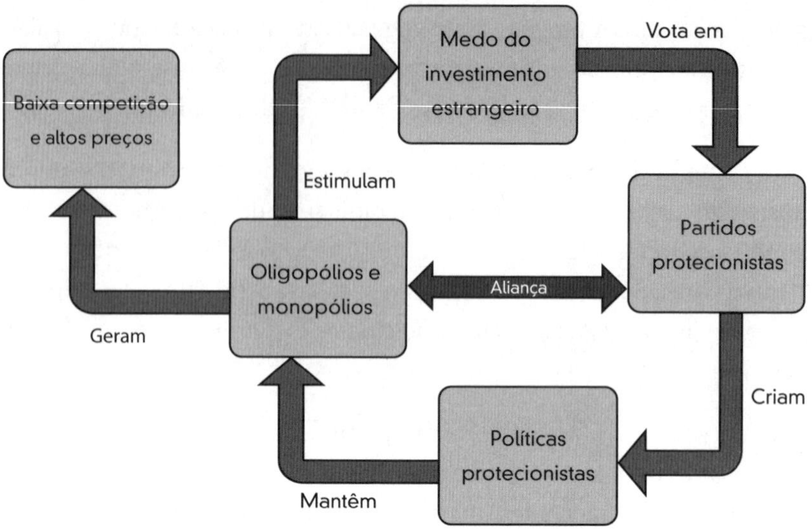

FIGURA 40

Dessa forma, políticos e partidos protecionistas com bandeiras nacionalistas e "anticapitalistas" tendem a se eleger mais facilmente no Brasil pelo simples fato de que eles representam o sentimento nacional de aversão ao risco do investimento por parte dos estrangeiros. Assim, eles criam e perpetuam políticas protecionistas que mantêm os oligopólios e os monopólios através de altas barreiras de entrada.

Fica claro que existe o interesse de uma aliança entre quem lidera esses monopólios e oligopólios, e partidos e políticos nacionalistas e "anticapitalistas". Tal aliança é percebida pela população em geral e malvista na forma de alguns empresários e empresas, inclusive estatais, sendo beneficiadas pelos partidos no poder, mas, quando se coloca que o remédio para esse problema é uma maior abertura para o investimento estrangeiro, a aversão ao risco fala mais alto para a maioria dos brasileiros.

O resultado também é percebido pelos brasileiros como negativo, isto é, baixa competitividade, baixa tecnologia dos produtos brasileiros e altos preços, que elevam em muito o custo de vida no Brasil.

4.2.2. Falta de Infraestrutura Viária

A lacuna de infraestrutura viária brasileira pode ser vista na Tabela 9 e é assustadora. A lacuna foi estimada ao comparar a estrutura viária brasileira com a da China e da Índia, que são países também emergentes e com áreas comparáveis. Apenas para entender a gravidade da situação, uma volta na Terra é de 40 mil km, ou seja, o tamanho de nossas lacunas em ferrovias e dutovias. A distância da Terra até a Lua é de 300 mil km. Nossa lacuna em rodovias é equivalente a ir até a Lua e voltar três vezes. Ao somar os custos totais, se percebe que o valor a ser investido seria de R$4,76 trilhões aos preços estimados de 2013. No ano de 2013, o Governo Federal executou segundo a SPO R$16,34 bilhões em infraestrutura viária. Neste ritmo, seriam necessários 291 anos para retirar esta lacuna.

ESTRUTURA VIÁRIA COMPARADA E LACUNA LOGÍSTICA ESTIMADA

Modo	Unidade	EUA	Brasil	Índia	China	Lacuna estimada	Custo/km (milhão R$)	Custo Total (bilhão R$)
Ferrovia	Mil km	225	29	64	86	40	20	800
Rodovia	Mil km	6.506	1.752	3.320	3.861	1.800	2	3.600
Dutovia	Mil km	793	22	30	76	40	7	280
Aeroporto	Mais de 3407m	189	7	21	63	40	2000/ unidade	80
Área	Milhão Km²	9.161	8.459	2.973	9.569			

TABELA 9

Fica claro que algo tem que mudar se quisermos retirar este gargalo ao crescimento. O investimento por parte do Estado não será suficiente para retirá-lo. Parcerias Público-Privadas (PPP) do tipo concessão e do tipo PFI serão necessárias em uma grande escala. Existe uma oportunidade para receber o aporte de capital estrangeiro que busca taxas de retorno maiores do que as encontradas na Europa e nos EUA, podendo gerar infraestrutura no Brasil caso nosso protecionismo diminua.

4.2.3. Falta de Energia

Existe uma alta correlação do consumo de energia per capita com o Índice de Desenvolvimento Humano e o PIB per capita. Tais correlações podem ser inferidas a partir de uma amostra dos 45 países com as maiores economias do mundo. A Figura 41 mostra tal correlação.

Utilizando as projeções de população futura do Brasil feita pela UN (2004) e tendo como objetivos diferentes IDHs, podemos chegar ao requerimento energético do Brasil no futuro, conforme mostra a Tabela 10. O IDH do Brasil em 2011 era de 0,699, o consumo de energia per capita era de 1.987 kwh/capita, e o consumo de energia total era de 404,2 Gwh, ou seja, muito próximo do que o modelo prevê e da célula sombreada.

A conclusão é simples: para que o Brasil atinja um nível de desenvolvimento equivalente a um IDH de 0,9 em 2050, teremos de multiplicar a capacidade energética brasileira quase sete vezes.

IDH como uma função do consumo de energia per capita

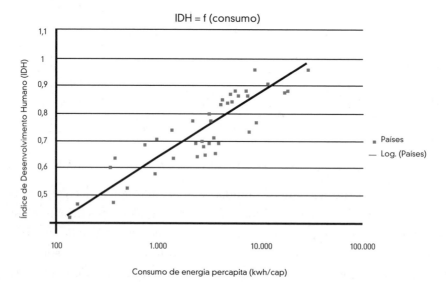

FIGURA 41

UMA AGENDA PARA O BRASIL

A pergunta que fica no ar é "Como?", uma vez que as opções são limitadas.

Energia hidrelétrica, que tem sido a saída principal do Brasil, está se esgotando em capacidade. A energia de combustível fóssil é cada vez mais cara e cheia de riscos ambientais. Mesmo o gás de xisto, que é a nova alternativa, também tem riscos ambientais. As energias alternativas, como eólica, biomassa, geotérmica e solar, ainda são caras. A energia nuclear pode ser uma solução, mas também envolve riscos. Ou seja, não existe uma solução simples. O país terá de fazer escolhas difíceis.

Para efeito de comparação, a usina de Belo Monte terá cerca de 40 bilhões de kwh de capacidade em média quando pronta. Ou seja, seriam necessárias cerca de 60 usinas de Belo Monte para atingir tal capacidade, o que causaria um impacto ambiental de proporções muito grandes.

Apenas um programa combinado de geração de energia utilizando capital público e privado pode criar uma solução.

NECESSIDADE DE ENERGIA FUTURA DO BRASIL

IDH		HDI=0,9	HDI=0,8	HDI=0,7
Consumo de energia per capita (kwh/capita)		12.000	5.000	2.000
Ano	População brasileira (milhões)	Consumo de energia (bilhões kwh) no nível de IDH indicado		
		IDH=0,9	IDH=0,8	IDH=0,7
2011	203,4			**406,8**
2050	233,1	2797,2	1165,5	466,2
2100	212,4	2548,8	1062,0	424,8

TABELA 10

4.2.4. Sistema Legal e Tributário Complexos

Os sistemas legal e tributário brasileiros são muito confusos. Além disso, o sistema legal é lento e os impostos são altos. Há décadas se fala em reformas tributárias e do judiciário, mas não há consenso de quais seriam as medidas a serem adotadas. Os diversos interessados não querem perder poder e não há consenso político para tomar uma decisão que desagrade uma parcela importante da sociedade.

Um sistema judiciário mais eficiente em tempo é a tendência de longo prazo, com a introdução de novas tecnologias da informação. Muito tem melhorado, mas o sistema ainda permite múltiplas instâncias de recursos, levando os processos a demorarem anos e, muitas vezes, permitindo que as penas prescrevam. Assim sendo, muitos consideram que existem riscos legais muito altos no Brasil.

Uma reforma alteraria a relação do poder dos advogados e do poder judiciário, mexendo assim com importantes grupos da sociedade, o que faz o custo político de tal reforma muito alto.

O sistema tributário gera muitos impostos e é de difícil compreensão. Impostos como o de renda, que são um desincentivo à produção, são altos e geram repasses para os Estados e Municípios que podem reduzir impostos sobre consumo, como o Imposto Sobre Serviços (ISS) e o Imposto Sobre Circulação de Mercadoria (ICMS). Ou seja, o sistema desestimula a produção e estimula o consumo, gerando uma poupança baixa no país e uma propensão para a importação de produtos estrangeiros, que são mais baratos.

Uma reforma geral alteraria o poder relativo dos Estados e Municípios, mexendo diretamente em sua viabilidade econômica, o que, mais uma vez, geraria um custo político muito alto.

Possivelmente, uma reforma para reduzir o número de Municípios, e até mesmo reduzir o número de Estados, seria uma necessidade, mas isso também tem um custo político muito alto.

4.2.5. Educação

Existe uma correlação alta entre a expectativa de vida escolar e o PIB per capita de uma nação quando analisamos as 45 maiores economias do mundo. A Figura 42 mostra tal correlação.

Na Figura 42, o Brasil tem uma expectativa de vida escolar de 14 anos e um PIB per capita de US$ PPP 10.677. Fica claro que um aumento da expectativa de vida escolar em dois ou três anos poderia gerar um grande salto de produtividade.

PIB per capita como uma função da expectativa de vida escolar

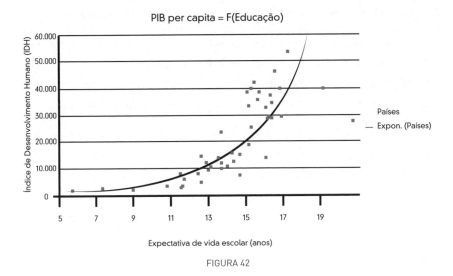

FIGURA 42

Entretanto, a figura não analisa a qualidade do ensino e outros diversos problemas associados à gestão escolar. Para aumentar a expectativa de vida escolar seria necessária uma grande reforma no sistema de ensino desde o pré-escolar até a universidade, o que criaria, mais uma vez, um custo político muito alto. Pelo menos a educação é um tema que nenhum partido ou político poderia ser contra a melhoria, embora possa ser contra a forma de melhoria.

Existem grandes desincentivos para a escolaridade no Brasil, e criar mecanismos para incentivar a educação tanto em termos de qualidade quanto duração será fundamental.

4.2.6. Pesquisa e Desenvolvimento

Pesquisa e desenvolvimento são um indicador forte do futuro de uma nação. No começo do século XX, antes de se tornar potência mundial, os EUA já lideravam em investimentos em pesquisa e patentes. Infelizmente, o Brasil investe pouco em pesquisa e desenvolvimento, mesmo quando comparado a outros países emergentes.

A Figura 43 mostra o comparativo de insumos com investimento como uma percentagem do PIB no eixo horizontal e o número de cientistas e engenheiros por milhão de habitantes, isto é, o capital intelectual, no eixo vertical. O tamanho do círculo indica o tamanho do investimento.

Fica claro também que o Brasil investe pouco e tem pouco capital intelectual. Embora o movimento no eixo horizontal seja difícil, ele é mais fácil de ocorrer do que no eixo vertical, a menos que se atraiam pesquisadores estrangeiros para virem morar no Brasil, assim como outros países fazem.

Além disso, conforme comentado no Item 3.4.9, existem outras barreiras para o desenvolvimento de pesquisa e inovação no Brasil. Um deles deriva da baixa demanda garantida pelas forças armadas para tecnologias duais, o que nos leva à última barreira de crescimento.

Pesquisa e desenvolvimento — Investimento e capital intelectual

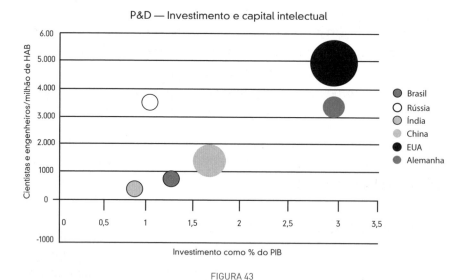

FIGURA 43

4.2.7. Defesa e Segurança Pública

Existe uma desproporcionalidade entre a importância da economia brasileira no mundo e a relevância das forças armadas e da defesa brasileira. Parte disso se deve ao continente não ter tantos conflitos militares e problemas diplomáticos, o que é muito bom. No entanto, por outro lado, isso enfraquece a pesquisa e o desenvolvimento decorrentes do avanço da tecnologia militar.

A Figura 44 mostra uma comparação das forças armadas brasileiras com outros países. No eixo horizontal, temos o gasto militar como uma percentagem do PIB. No eixo vertical, temos o número de militares, reservistas e paramilitares por milhar de habitantes. O tamanho do círculo representa o gasto militar total. A fonte dos gastos é a SPIRI (2013) e do contingente é o IISS (2010).

Uma observação importante é que o IISS considera em seus cálculos 327.210 militares, 1.340.000 reservistas e 395.000 paramilitares. Como paramilitares, eles provavelmente estão contando as forças policiais de diversos tipos, embora isso não seja explícito na fonte.

O Brasil aparece no quadro geral como uma força relativamente grande para sua população, em parte devido ao grande número de reservistas, e despreparada, com um baixo gasto como percentagem do PIB. Tal nível de gasto é incompatível com as aspirações de projeção de poder global do Brasil.

Uma profissionalização dos quadros com o fim do sistema de recrutamento obrigatório seria uma solução para isso.

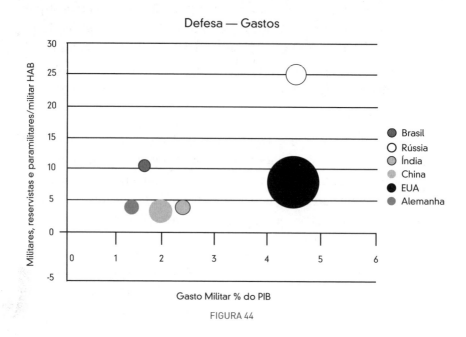

FIGURA 44

4.3. UMA AGENDA PROPOSITIVA

O leitor deve, a essa altura, se perguntar como resolver os gargalos do item 4.2 e os pontos críticos do item 3.4. A resposta não é simples, pois ela tem de levar em conta um fator muito importante, que é o capital político de quem quiser fazer as reformas necessárias.

Além disso, temos de levar em conta os custos políticos de tais reformas, o tempo de implementação, a dificuldade de implementação, os ganhos políticos e econômicos das reformas, e as preferências políticas e ideológicas de cada um de nós.

Em geral, os gargalos do item 4.2 requerem projetos de longo prazo, e não reformas pontuais que podem ser feitas em apenas quatro anos. Enquanto isso, muitos dos pontos críticos do item 3.4 poderiam ser feitos gradualmente por reformas pontuais.

Nos pontos críticos, a maior parte chama a atenção por independerem de ideologia ou partido e serem de grande importância. Muitos também são mais uma questão de treinamento e conscientização do que reformas em si. Cursos de gestão profissional para o funcionalismo público já seriam suficientes em vários casos. No caso dos gargalos, devido à alta correlação de consumo de energia per capita e expectativa de vida escolar com o PIB per capita, as políticas públicas de educação e energia devem ser priorizadas para se tornarem uma agenda de longo prazo nacional. Os demais também são importantes, mas requerem um custo político mais alto, e pode não ser possível para um governo avançar significativamente, como tem ocorrido nas últimas décadas.

As propostas abaixo refletem minha percepção pessoal das questões de educação e energia, e são, inevitavelmente, polêmicas, pois lidam com uma mudança da situação vigente. O leitor deve se sentir livre para questionar minhas posições, pois só um debate acerca dos temas pode avançar propostas reais de solução para os problemas analisados.

Não pretendo ser o "dono da verdade", mas sim avançar no debate dos temas e forçar o leitor a pensar "fora da caixa", dos discursos governamentais, partidários e de sindicatos, e de um debate ideologizado por interesses políticos de curto prazo, que podem ter consequências dramáticas no longo prazo.

Nesse sentido, a conversa e o debate se dão em grande parte com a burocracia profissional brasileira, que, como descrito no item 1.5, é a guardiã do pensamento de longo prazo e de políticas de Estado.

4.3.1. Educação

Uma reforma na educação envolve um planejamento estratégico para o setor, pois diversas mudanças são necessárias, e não apenas uma. Muito tem se falado, mas pouco se tem feito. Muitas das medidas desagradariam os professores, que seriam os principais afetados.

Simplificando, minha proposta se divide em cinco partes: sistema de cupons, autonomia e gestão escolar, avanços de tecnologia, estímulo ao empreendedorismo e sistema de incentivo para a educação.

No *sistema de cupons*, ou *vouchers*, que já existe em diversos países, os pais do aluno ou o próprio aluno recebem um cupom para pagar a mensalidade escolar. Se for utilizado em uma escola pública, a mensalidade está paga; se for usado em uma escola particular, o valor do cupom é abatido da mensalidade, pois é repassado pelo governo.

Isso garante a escolha do serviço pelo beneficiário, que, de outra forma, teria apenas as escolas públicas para matricular seu filho gratuitamente. Isso também traz competição para as escolas públicas, que, em muitas áreas, são monopolistas e podem se dar ao luxo de serem ineficientes, pois têm verbas garantidas.

Outro benefício é que o sistema permitiria um repasse direto do Governo Federal para as escolas sem o intermédio dos Municípios e Estados, o que diminuiria as perdas no processo, simplificando a burocracia. De certa forma, seria uma federalização do sistema, passando o Ensino Fundamental e Médio para responsabilidade do Governo Federal, que tem mais dinheiro e poder.

Onde foi implantado, o sistema vem funcionando bem, exceto em regiões rurais onde a densidade de alunos não gera um mercado viável. Nesse caso, o governo continua oferecendo o serviço como monopolista.

Isso nos leva, porém, ao segundo ponto, que é o da *autonomia e gestão* das escolas na ponta para reduzir o planejamento centralizado e permitir uma adequação mais realista aos problemas locais.

As escolas públicas têm um maior grau de engessamento por terem de seguir normas e leis rígidas e, portanto, não poderão competir sem serem capacitadas e receberem maior grau de liberdade. Tal capacitação inclui: preparar gestores escolares — algo que a carreira pedagógica não prepara — e reduzir o grau de indicações políticas para diretores de escola através de filtros de carreira, tais como ter realizado certos cursos que preparam para a tarefa. As escolhas políticas acabarão sendo feitas dentro de um quadro mais qualificado para a função.

O terceiro e quarto pontos estão ligados pela obsolescência tecnológica do atual sistema de educação, que data da primeira Revolução Industrial, ou primeiro ciclo de Kondratieff. Ele foi feito com base nas tecnologias existentes na época e nas necessidades de uma sociedade industrial. Ele cria funcionários de fábrica capazes de repetir sem pensar uma tarefa por trinta anos.

No entanto, *avanços na tecnologia* de telecomunicações e informática e, no futuro, de neuroergonomia mudaram, e continuam mudando, o leque de possibilidades de metodologias de educação.

As escolas também devem ser capacitadas para cursos com componentes à distância e automatizadas por computadores para reduzir o custo de mão de obra, isto é, professores, que é caro. A tecnologia induzirá cada vez mais a que boa parte do currículo possa ser transmitido por tecnologia computacional, particularmente através de jogos educativos que transformem a educação em um híbrido de educação e entretenimento.

Esse é um ponto sensível, pois os professores são os mais resistentes a tais mudanças, uma vez que essas tecnologias transformam a educação de uma atividade intensiva em mão de obra para uma intensiva em tecnologia. O perfil dos professores mudará drasticamente e a necessidade de sua quantidade será bem menor. Os professores se tornarão muito mais tutores e gestores de turmas do que treinadores de tarefas repetitivas.

Dependendo do grau de avanço da neuroergonomia, podemos ter uma ruptura tecnológica muito significativa na educação, permitindo que muitos conhecimentos sejam simplesmente "carregados" nas memórias eletrônicas implantadas nos cérebros humanos.

O quarto ponto é o do *estímulo ao empreendedorismo* como eixo principal de uma reforma curricular. O sistema de educação industrial busca criar um autômato para servir na indústria. Acontece que tal emprego foi substituído por um robô ou um computador. O que se precisa hoje, e no futuro, é de um sujeito que seja capaz de criar e lidar com outras pessoas. Precisa-se de alguém capaz de criar, empreender, trabalhar em equipe, liderar, resolver problemas e questionar. Ou seja, o sistema atual precisa ser revisto completamente.

Alguns países consideram que seu sistema de educação tem como objetivo apenas dar uma capacidade boa de ler, escrever e fazer operações algébricas básicas no Ensino Fundamental, enquanto, no Brasil, tentamos um enciclopedismo que pulveriza as horas de aprendizado, jamais atingindo a lógica de 10 mil horas de atividade em nenhuma área. Nosso sistema escraviza na ignorância em vez de libertar a mente. Menos matérias e mais focadas são uma necessidade.

No ensino intermediário, a busca deve ser do empreendedor e prestador de serviços, onde as pessoas devem se preparar para ter seu próprio negócio, gerando empregos e sendo capazes de planejar sua vida. Mais uma vez, se deve focar em menos matérias, se concentrando tanto quanto possível para buscar a meta das 10 mil horas.

O ensino superior, ou terciário, deve preparar o indivíduo para uma profissão, e o Brasil tem um padrão razoável. Nosso maior problema é que os alunos têm chegado nesse nível despreparados pelos níveis anteriores. Aqui, o aluno deve ser preparado para enfrentar mudanças tecnológicas ao longo de sua vida profissional e ser capaz de se adaptar a tecnologias que ainda nem existem, isto é, ele deve ser educado a aprender e se reinventar, educado a pensar e resolver problemas.

Finalmente, deve se criar um *sistema de incentivo* para uma educação por mais tempo, que é o que nos indica a Figura 42. Esse sistema pode ser de diversas formas, mas o que penso ser mais eficiente é um imposto de renda reduzido para quem tiver maior grau de escolaridade, ou seja, um incentivo econômico direto para a vida toda.

Isso pode, em um primeiro momento, parecer uma injustiça, pois quem tem mais estudo já teria, a princípio, maior remuneração. Porém, na prática, isso criaria um incentivo forte para muitos alunos não desistirem de seus estudos em fase final por uma oferta de emprego que parecesse boa. Isso também geraria um esforço adicional dos pais para manter os alunos em seus estudos.

Outros mecanismos de incentivo podem ser pensados desde que o resultado final tente ser uma maior expectativa de vida escolar.

No geral, essa é a minha percepção de uma reforma no sistema escolar brasileiro. Tenho certeza que alguns pontos são polêmicos, mas é preciso sair da mesmice do discurso de que "precisamos melhorar a educação" sem dizer exatamente como. É preciso também sair da prisão mental de que basta colocar mais dinheiro na educação. Nesse sentido, espero contribuir para o debate, avançando algumas opiniões fortes, mas calcadas em uma lógica e experiência bem-sucedidas no exterior que são transplantáveis para o Brasil.

4.3.2. Energia

A questão da energia também precisa de um planejamento estratégico de longo prazo que envolve investimento em pesquisa e defesa nacional. É preciso entender que existem fatores de custo total de propriedade, bem como riscos de falta de energia.

No custo total de propriedade se deve levar em conta os custos de pesquisa, desenvolvimento, instalação, produção, manutenção, operação, ambientais, militares e de desativação. Além disso, como essa política envolve um prazo longo, se precisa pensar que os custos se alteram ao longo do tempo por curvas de aprendizado e ganhos de escala. Sem levar em conta todos esses custos, as decisões acabam sendo de curto prazo, e os efeitos de longo prazo podem ser desastrosos.

No final das contas, o Brasil precisa de um plano de curto prazo (10 anos), um de médio prazo (25 anos) e um de longo prazo (100 anos). Hoje, o Brasil parece ter somente um plano de curto prazo, e um muito arriscado.

Peço ao leitor que relembre que o Brasil precisa sair de algo como 404 G kwh para 2800 G kwh até 2050. Tal aumento de produção não é uma tarefa simples.

No curto prazo (2013–2023), as apostas brasileiras são no pré--sal e em hidrelétricas de grande porte na Amazônia. Entretanto, tais apostas são arriscadas. O pré-sal pode se tornar inviável devido ao avanço da produção de gás de xisto nos EUA e em outras regiões do planeta, que estão fazendo o custo do barril do petróleo baixar no mundo inteiro.

As hidrelétricas de grande porte têm um custo ambiental associado e uma baixa produtividade que não permitirá usar essa solução em grande escala. Algumas podem ser feitas, mas o modelo não é replicável na escala necessária.

O Brasil pode acabar sendo um importador de petróleo e gás de xisto nesse período. Mudanças na geopolítica mundial são difíceis de prever, na medida em que o Oriente Médio for perdendo importância e crescendo em instabilidade política. Os riscos associados levariam à busca de uma alternativa, que pode ser o gás de xisto argentino.

No médio prazo (2013–2038), algumas energias alternativas, tais como a solar, a eólica e a biomassa de alga, podem se tornar competitivas, ainda mais se houver um aumento dos custos dos combustíveis fósseis. É difícil prever curvas de aprendizado e ganhos de escala, bem como custos futuros dos combustíveis fósseis, mas a Figura 45 mostra minha percepção do que considero o cenário mais provável.

Note que eu não coloco uma escala vertical para evitar prever números que são de fato imprevisíveis. No entanto, acredito que, na década de 2020, se houver a crise final do quinto ciclo de Kondratieff, deverá ser uma crise análoga à da década de 1970, e os preços dos combustíveis fósseis devem subir mais fortemente. Depois disso, eles podem continuar subindo ou podem descer, como ocorreu na década de 1980. Por isso, adicionei duas curvas indicando esses dois cenários. As energias alternativas deverão cair de preço seguindo uma típica curva de aprendizado e deverão forçar os custos dos combustíveis fósseis para baixo por uma lógica de mercado. É claro que o que indiquei é o centro de uma curva de distribuição, e as energias alternativas podem reduzir de preço mais lentamente ou mais rapidamente. De fato, é impossível prever com exatidão.

De qualquer forma, deve haver uma revolução nas matrizes energéticas do mundo nas décadas de 2020, 2030 e 2040. A preparação para isso deve ser precedida de grandes investimentos em tecnologias alternativas de dez a quinze anos antes, os quais o Brasil ainda não começou a fazer. Investimentos em pesquisa e desenvolvimento de energia eólica, solar, biomassa de alga e nuclear devem ser bancados pelo governo possivelmente por meios das forças armadas, subcontratando empresas de tecnologia (*think tanks*) com demanda garantida e estímulo de incentivos de fundos de desenvolvimento.

No longo prazo (2013–2113), a fonte de energia final provavelmente será energia solar vinda do espaço, e isso implica em um projeto espacial e projetos de grande vulto, como o estabelecimento de um elevador espacial no Amapá e estações de coleta de energia solar em órbita. Tais projetos podem ser feitos em conjunto com outros países para reduzir o custo e o desafio tecnológico. Já existem projetos iniciais para a captura de asteroides na órbita terrestre, transmissão de energia por micro-ondas, e novos materiais para permitir a construção de um elevador espacial. Tal desafio inevitavelmente passa por pesquisa e desenvolvimento e defesa nacional. Esse desafio passa também por pensar para além de um nacionalismo de curto prazo, dada a importância da questão.

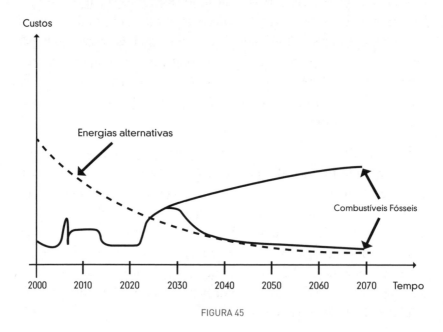

FIGURA 45

Como algumas dessas tecnologias são muito avançadas, cabe aqui um comentário para os leitores que não estejam familiarizados com elas.

O elevador espacial é uma tecnologia potencial, isto é, ela não é possível hoje, mas pode vir a ser possível em um horizonte de 30 a 40 anos. Ela consiste em colocar um objeto de grande massa, provavelmente um asteroide capturado, em órbita geossíncrona terrestre (GEO) e mantê-lo continuamente parado sobre o mesmo ponto do equador; no caso brasileiro, sobre o Amapá.

A partir daí se estenderia um cabo até a superfície terrestre. Esse cabo não seria geossíncrono e, portanto, estaria sujeito a tensões gravitacionais. Hoje, nenhum material no planeta é capaz de suportar tais tensões, mas pode ser possível criar tal material com a nanotecnologia.

Uma vez instalado, seria possível levar um ser humano da superfície terrestre até a órbita baixa terrestre (Low Earth Orbit — LEO) por um custo similar a uma passagem aérea do Rio de Janeiro para São Paulo. O custo de construção da estrutura é estimado em US$80 bilhões.

Isso criaria um equivalente do Canal do Panamá ou de Suez, ou dos estreitos de Malaca, para o espaço, viabilizando um grande número de atividades econômicas, inclusive geração de energia elétrica a partir de células solares em órbita. O local onde essa estrutura for construída terá uma vantagem econômica muito grande e se tornará uma espécie de Cingapura do futuro, por onde bens e matéria-prima passarão continuamente. Existem seis candidatos para esse local: Gabão, Quênia, Sumatra, Bornéu, Equador e Amapá. O local mais lógico para a economia ocidental é o Amapá e, para a oriental, Sumatra ou Bornéu, ambos perto de Cingapura.

CAPÍTULO 5
O FUTURO DO ESTADO

Neste capítulo, farei uma análise de para onde poderá migrar a coevolução do Estado. Combinarei uma previsão baseada nos ciclos Hegemônicos e de Kondratieff, criando um sistema de hipóteses que eu chamo de "um século em quatro atos", e depois farei uma análise de cenários para mostrar quatro possíveis futuros do Estado.

5.1. UM SÉCULO EM QUATRO ATOS

Minha hipótese inicial é que os ciclos de Hegemonia e Kondratieff deverão continuar a se repetir até o final do século XXI. Essa é uma hipótese e não uma certeza, mas ela ajuda a criar uma base em cima da qual é possível discutir como pode se desenvolver o Estado do futuro. Lembre-se que, na ciência, quando se responde uma pergunta, se geram novas perguntas, e a ciência gira em torno de perguntas. Esse modelo auxilia a criar hipóteses e perguntas, e permite uma discussão mais estruturada.

Previsões de futuro tendem a serem ou ufanistas, do tipo "a tecnologia vai nos salvar", ou catastrofistas, do tipo "o mundo vai acabar". Ao usar o modelo de ciclos, se pode fazer uma previsão menos exagerada, onde se combinam as duas lógicas, isto é, existem crises e por conta das crises ocorre uma reação, que gera períodos de crescimento, que, por sua vez, geram desequilíbrios, que levam ao esgotamento e a uma nova crise.

Os ciclos em si já foram descritos e explorados no Capítulo 2. Aqui mostrarei como eles podem se desdobrar se continuarem, e a Tabela 11 mostra como deverá ser a estrutura geral do século XXI se os ciclos continuarem. Como, ao descrever cenários, se busca geralmente contar uma história potencial do futuro, eu prefiro colocar como uma história em quatro atos.

UM SÉCULO EM QUATRO ATOS

Ciclo	Período	Subfase	Hegemonia	Ato
5º	2005–2018	Esgotamento	EUA	
5º	2018–2030	Crise	EUA	1º
6º	2030–2042	Recuperação	EUA	
6º	2042–2055	Crescimento	EUA	2º
6º	2055–2067	Esgotamento	EUA	
6º	2067–2080	Crise	Transição	
7º	2080–2092	Recuperação	Transição	3º
7º	2092–2104	Crescimento	Nova hegemonia	4º

TABELA 11

Ato 1 — A Crise da Década de 2020

Nosso primeiro ato é a crise generalizada do final do quinto ciclo de Kondratieff, prevista para a década de 2020. Tal hipótese já foi discutida brevemente no item 3.2.1. Existem diversos fatores que apontam para uma crise na próxima década, na medida em que o sistema global é levado ao limite. Esse é o drama central do primeiro ato, todos os Estados e sociedades tentando se defender do esgotamento do crescimento que ocorre nos dias atuais, levando a uma crise generalizada.

Como dito anteriormente, as fontes de crise podem ser agrupadas em dois tipos, as que geram inflação e as que geram aumento dos impostos.

A lista de crises potenciais revelam duas contradições centrais do nosso tempo.

A primeira já foi explorada no item 4.3.2 e é a incompatibilidade de desenvolvimento com preservação do ambiente, sem controle de natalidade no nível atual de tecnologia.

A segunda é a incompatibilidade de manter os benefícios sociais do Estado do bem-estar social que sobreviveram à reforma do Estado com um Estado viável economicamente, isto é, sem impostos excessivamente altos e sem uma dívida pública exorbitante.

Como governos e sociedades tendem a privilegiar o curto prazo em detrimento do longo prazo e tendem a se defender quando ameaçadas, o que deve prevalecer é a busca do desenvolvimento e da preservação dos benefícios sociais, em um fenômeno típico da teoria dos jogos chamado de tragédia dos comuns, ou *tragedy of commons* no original, isto é, quando cada um faz o que é melhor para si ao dividir um bem comum, o resultado é ruim para todos.

A década de 2020 deverá, então, ser análoga à de 1970, com disputas por recursos no mundo inteiro. Deve haver disputa por recursos energéticos no Oriente Médio e Sudeste da Ásia, comida e água na América do Sul e África, e minérios na América do Sul, África, Sudeste da Ásia e Oceania. Tal disputa pode vir principalmente dos países com maior demanda por tais recursos e com menor acesso a eles, tais como Índia e China, que hoje já travam uma nova corrida colonial, particularmente na África.

Na medida em que certas disputas se acirrem, elas podem deixar de ser apenas econômicas para se tornarem conflitos regionais, como na década de 1970. No entanto, o modelo não prevê uma guerra generalizada de proporções mundiais, pois ainda não ocorrerá uma transição hegemônica, que deve ficar mais para o final do século.

Como reação à tal crise, a sociedade vai aceitar o inaceitável, pensar o impensável e gerar novas tecnologias que, na verdade, já têm precursores, o que nos levará ao segundo ato.

Ato 2 — A Revolução Tecnológica da Década de 2040

A década de 2030 deve ser uma de recuperação e inovação tecnológica, na medida em que novas tecnologias devem surgir, levando a uma verdadeira revolução tecnológica na década de 2040. Isso já foi explorado no item 3.2.2, onde mostramos que existem três grupos tecnológicos evoluindo: biotecnologia, robótica e energia.

Nessas décadas ocorrerão três grandes contradições.

A primeira será a continuação do drama entre desenvolvimento, preservação e controle de natalidade. No entanto, esse drama crescerá na medida em que a longevidade aumentar com novas tecnologias de HET, genética e medicina avançada. Isso gerará um efeito duplo de aumento da população e envelhecimento da mesma, apesar da capacidade produtiva se manter e até mesmo aumentar.

Os sistemas de aposentadoria entrarão em crise e haverá, pelo menos em um primeiro momento, uma divisão entre quem tem acesso a terapias de melhoria humana e quem não tem. Em um segundo momento, é provável que planos de saúde e governos tenham incentivo para melhorar a saúde em geral e a produtividade das sociedades, gerando políticas de distribuição em massa dessas tecnologias, como ocorreram com esgotamento sanitário, hospitais públicos, vacinação e água tratada.

A segunda contradição deriva dessa, e é a ascensão de seres cada vez mais híbridos tanto em termos de biotecnologia quanto neuroergonomia. O que, em um primeiro momento, será visto como estranho, acabará sendo visto como normal e até vantajoso. Seres com implantes de memória computacional ou processadores podem ser muito mais eficientes, bem como seres modificados geneticamente para serem mais fortes, rápidos ou inteligentes.

A educação e a saúde pública podem se beneficiar muito, bem como a economia e a produtividade. Isso pressionará governos a incentivarem tais modificações, assim como hoje se fazem próteses dentárias, uso de óculos e cirurgias corretivas de problemas, só que em outro nível, não mais corretivo, mas sim de aumento de capacidade.

A terceira contradição está associada à reindustrialização dos EUA e da Europa. Com o aumento da robotização e das inteligências artificiais (IAs), haverá um aumento de produtividade e uma redução da necessidade de mão de obra, e isso criará novos desafios para o emprego da população.

Será necessária a criação de novos postos de trabalho em serviços e também de sistemas de renda dissociada de trabalho, tais como o imposto negativo, que deverá ser o próximo estágio de desenvolvimento do Bolsa Família. Nesse sistema, todo cidadão recebe um valor independente de sua situação. É, nesse sentido, como um Bolsa Família universalizado, mais simples de controlar e, principalmente, não é um desincentivo para o trabalho. O problema do Bolsa Família atual é que ele gera um custo de oportunidade para se trabalhar. Já no imposto negativo, esse desincentivo não existe, a renda mínima é garantida e se pode trabalhar para ter renda acima desse mínimo.

Todos esses fatores juntos, e mais as mudanças da matriz energética descrita no item 4.3.2, gerarão uma reviravolta na geopolítica mundial. O Oriente Médio perderá importância na medida em que as energias alternativas ficarem economicamente competitivas, e a região pode passar por uma desestabilização. Os EUA devem ficar cada vez mais isolacionistas, e sua demografia e economia devem se integrar mais e mais com a do México.

Isso tudo poderá levar a uma crescente instabilidade, na medida em que os ganhos de produtividade rápidos serão desiguais no mundo todo. Por volta da metade da década 2050 deve terminar a subfase de expansão e começar a de esgotamento, levando a uma repetição do período que vivemos hoje e que terá novamente as mesmas reações, levando ao terceiro ato.

Ato 3 — As Guerras das Décadas de 2070 e 2080

O modelo matemático aponta para uma guerra de transição entre 2065 e 2095, mas essas datas não podem ser vistas como precisas devido ao erro intrínseco de modelos matemáticos. Além disso, os ciclos hegemônicos duraram de 100 a 140 anos e, portanto, o cálculo de uma duração média de 120 anos é apenas algo aproximado.

Esse período deve ser análogo aos de 1618–1648, 1785–1815 e 1915–1945, ou seja, uma série de conflitos econômicos, militares, políticos e sociais gerando uma mudança na estrutura geopolítica do sistema global. Conforme exploramos no Capítulo 2, particularmente no item 2.3 tal conflito deve ser entre um sistema rígido e outro flexível, na medida em que a rede global de trocas se rearranja.

Nessa altura, a troca da matriz energética deve ter se completado quase totalmente e a robotização da produção deve ter avançado bastante, bem como a hibridização da força de trabalho humana. Em resumo, as três grandes linhas de tecnologia devem ter avançado ao limite e devem estar se esgotando.

Se a população humana tiver crescido, os limites dos recursos planetários devem estar sendo atingidos e uma disputa militar, não mais comercial, pelos recursos deve começar a ocorrer. Tais recursos podem começar a vir do espaço na medida em que um elevador espacial possa se tornar uma prioridade para o Oriente até mais do que para o Ocidente.

Humanos puros serão raros e talvez marginalizados, vivendo em condições de pobreza aliviada por programas sociais. A maior parte da população terá expectativas de vida acima de 130 anos e o controle de natalidade começará a ser rígido por pressão social e governamental.

Tais fatores combinados levarão às guerras de transição, mas também a novos desenvolvimentos tecnológicos cuja previsão é difícil devido à distância temporal e ao fato de não termos mais a lógica de "seguir o dinheiro" como uma guia.

O FUTURO DO ESTADO

No final, uma nova potência hegemônica emergirá como vitoriosa, nos levando ao quarto ato do século.

Ato 4 — A Nova Hegemonia e Revolução dos Anos 2090

A grande questão desse ato é qual será a nova potência hegemônica e, embora seja impossível predizer, podemos encontrar padrões de repetição do passado já observados no item 2.3 e fazer hipóteses. Podemos perceber três padrões de repetição, que nos levam ao que chamo de os "cinco candidatos". Porém, mais uma vez, as perguntas que essa análise levantam são mais importantes do que as respostas.

O primeiro padrão de repetição é que todas as potências hegemônicas foram potências navais, exceto os EUA, que, além disso, também é uma potência aeroespacial e eletromagnética. Isso nos diz que a nova potência hegemônica deve procurar obter acesso barato ao espaço, provavelmente pelo controle de um local para montar um elevador espacial sobre o equador terrestre. O segundo padrão de repetição é que as novas potências hegemônicas sempre atraíram as empresas de sua precedente por ofertarem um ambiente de negócios mais favorável. Contudo, esses dois padrões não nos dão muitos indícios de quais poderiam ser os candidatos.

É apenas o terceiro padrão de repetição que nos revela um quadro mais claro. Todas as potências hegemônicas estavam em formação no período anterior. Se esse padrão se repetir, a próxima potência hegemônica não existe hoje em seu formato final. Isso nos leva aos "cinco candidatos".

Estados Unidos da Europa

A Europa pode estar em um processo de unificação similar ao que a Alemanha e os EUA passaram no século XIX. Isso pode levar a uma nova versão moderna do Império Romano, isto é, seria uma única nação da Síria até a Escócia, como nos tempos romanos, incluindo o Norte da África, a Escandinávia e o Leste Europeu. Um elevador espacial pode ser feito na Guiana Francesa.

Estados Unidos da América fundido ao México

Na medida em que a população latina cresce nos EUA e o Norte do México é cada vez mais integrado economicamente e demograficamente aos EUA, as duas sociedades começam a se transformar em um contínuo. O caminho natural de expansão da sociedade norte-americana é o México, que, por sua vez, é um ponto excelente para formar um nodo logístico e manufatureiro global, já que um elevador espacial pode vir a ser desenvolvido no Amapá ou no Equador.

China expandida para a África

A China necessita de água, comida, energia e minérios para suprir sua população e sua crescente economia. Esses recursos vêm cada vez mais da África, mas também da América do Sul e da Oceania. Isso pode resultar em uma integração em princípio comercial, mas depois demográfica e até política. O Quênia, Bornéu ou Sumatra podem se transformar no elo para um elevador espacial.

Índia expandida para a África

A Índia tem uma situação similar à da China e, pelos mesmos motivos, tem se expandido para dentro da África. Mais uma vez, isso tem levado a uma integração econômica, mas que pode se desenvolver em uma lógica demográfica e política. Assim como no caso da China, Quênia, Bornéu ou Sumatra podem se transformar no local de construção para um elevador espacial.

Brasil expandido para a América do Sul

O Brasil tem se expandido demográfica e comercialmente para o Pacífico e, em um grau bem menor, para a África e o Caribe. Isso vai resultar em uma sociedade integrada demográfica e, possivelmente, até politicamente, com uma nova federação ou aliança. O Amapá e o Equador são os locais mais lógicos para a construção de um elevador espacial.

Tais predições geram ainda mais perguntas e esse é um ponto positivo. Em vez de um futuro puramente determinístico, se constrói uma lógica para que se possa discutir a dinâmica do processo e permite um debate mais estruturado. Hoje, eu creio que o mais provável resultado seria o dos EUA fundido ao México, mas, é claro, não existem dados suficientes para afirmar que esse será o desfecho final. Prefiro ver essa análise como um quebra-cabeça com peças faltando, peças que ainda estão no futuro.

5.2. UM ESTUDO DE CENÁRIOS PARA O FUTURO DO ESTADO

Apesar do quadro vívido criado no item anterior, ainda fica a questão de como será o Estado do futuro. Minha resposta para essa questão remonta à minha dissertação de mestrado. Minha hipótese básica é que o Estado coevoluirá para se adaptar ao ambiente que está se formando e que o futuro não pode ser completamente pré-determinado. Assim sendo, prefiro utilizar a técnica de cenários para descrever possíveis desfechos.

A técnica descrita por Ringland (1998) é a de elencar duas variáveis e as dicotomizar para gerar quatro cenários alternativos e descrevê-los. Tais cenários são projeções para o Estado na metade do século XXI, isto é, por volta de 2050, no auge do sexto ciclo de Kondratieff.

Nossa primeira variável é o avanço da tecnologia e, com isso, da capacidade de obter novos recursos dentro e fora da Terra e de produzir mais com eles, bem como controlar os danos gerados ao ambiente pelo avanço da tecnologia. Sua dicotomização será entre um avanço alto e um baixo.

A segunda variável diz respeito à sociedade, mais especificamente à distribuição dos recursos gerados. Sua dicotomização é entre uma sociedade homogênea, com recursos bem distribuídos, ou uma sociedade heterogênea, com recursos mal distribuídos.

Com isso, podemos formar a Figura 46, onde surgem quatro cenários de Estados futuros. Iremos agora descrever cada um desses cenários, lembrando que podem existir Estados de todos estes tipos no futuro. As perguntas que ficarão para depois são qual o tipo mais frequente em número e qual o tipo dominante em termos de hegemonia. Cada uma das descrições tem uma versão utópica e uma distópica, para gerar dois pontos de vista sobre cada situação, tentando ser mais equilibrado.

Cenários para o Estado no século XXI

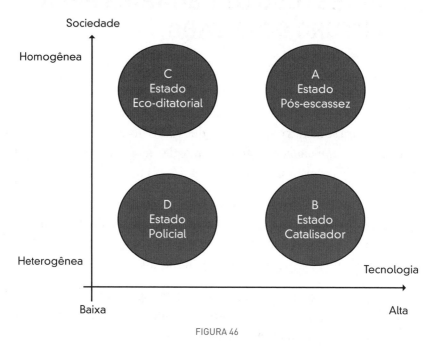

FIGURA 46

Cenário A — Estado Pós-escassez

Supostamente, esse é o melhor caso. Nesse cenário, a tecnologia avançou muito, de maneira que temos um IDH médio acima de 0,9 em uma sociedade que consome cerca de 20 mil kwh/capita por ano. A expectativa de vida humana é acima de 120 anos e seres híbridos são comuns. A tecnologia agride pouco o ambiente e se faz uso intenso de tecnologia e recursos espaciais. Além disso, a distribuição dos recursos e tecnologia é homogênea, de maneira que ninguém tem muito mais acesso aos recursos do que os outros cidadãos.

- Descrição utópica — O sistema atingiu seu ápice. Agora vivemos em uma situação perfeita, onde a tecnologia atingiu o ponto onde toda a sociedade tem acesso a um alto nível de IDH independentemente de sua posição social. Nós não somos mais divididos entre pobres e ricos. Nós estamos todos bem, em harmonia com a natureza. No passado, estávamos consumindo muito per capita, mas agora encontramos um bom equilíbrio, onde existe fartura e é sustentável.

- Descrição distópica — O sistema é ineficiente e insustentável. Nós vivemos em uma sociedade chata e sem desafios. Não existem incentivos para se ser mais produtivo, de maneira que as pessoas são preguiçosas e ineficientes. Nós podíamos ter um IDH melhor com toda essa tecnologia se houvesse incentivos para aumentar a produtividade. Porém, da forma como está o sistema, temos de ir para outros Estados onde ainda existem incentivos para se buscar oportunidades. Esse sistema irá eventualmente fracassar, pois todas as pessoas produtivas irão embora e sobrarão somente os preguiçosos.

O Estado desse cenário evoluiu para gerenciar com folga de recursos e manter um equilíbrio fácil. Provavelmente, ele se tornaria uma volta a um Estado do bem-estar social graças à tecnologia e aos recursos. Seu desafio é continuar crescendo em tecnologia e recursos mais rápido do que a população. Para tal, basta dar desincentivos para o crescimento populacional via educação e grandes incentivos para a pesquisa e desenvolvimento. Esse cenário poderá mudar dependendo da capacidade de manter o equilíbrio e os incentivos. Ele pode perder os incentivos e decair no cenário C.

Cenário B — Estado Catalisador

Esse é o resultado mais provável, pelo menos nas grandes nações do mundo. Nesse cenário, a tecnologia avançou bastante, de maneira que se tem um IDH médio acima de 0,9 em uma sociedade que consome cerca de 20 mil kwh/capita por ano. A expectativa de vida humana é acima de 120 anos e seres híbridos são comuns. A tecnologia agride pouco o ambiente e se faz uso intenso de tecnologia e recursos espaciais. No entanto, a distribuição desses recursos é heterogênea, de maneira que partes da sociedade têm IDH de 0,95 ou até mais, enquanto outras têm IDH de 0,7. O desequilibro entre os grupos sociais gera uma sensação de um sistema em camadas.

- Descrição utópica — Esse é o sistema perfeito. Nós temos uma alta tecnologia, mas também um sistema competitivo que garante que os melhores e mais eficientes sejam recompensados por seus esforços. Dessa forma, continuamos a prosperar como uma sociedade. Entretanto, as partes menos eficientes e preguiçosas da sociedade ainda estão bem, pois nossa tecnologia e produtividade podem garantir que elas terão sua fatia dos recursos.

- Descrição distópica — O sistema não funciona. A despeito de toda tecnologia, o sistema foi criado e é mantido por um pequeno grupo no poder que tem uma fatia desproporcional de recursos para seu uso. Tantos recursos que compensam sua ineficiência. Enquanto isso, quem trabalha duro em partes menos aquinhoadas da sociedade nunca consegue prosperar e sair do círculo de baixos recursos. Alguma coisa tem de melhorar para permitir uma maior mobilidade social ou para garantir uma melhor distribuição de recursos.

Aqui, o Estado evoluiu para se transformar em um catalisador do desenvolvimento. Como existe competição interna e externa, o Estado tem de se defender e estar à frente dos demais, tendo de estimular o desenvolvimento e controlar — e até imitar — o desenvolvimento dos outros, competindo por recursos e tecnologia. A busca da eficiência vira um sistema de coopetição internacional. Haverá um limite dessa situação e, se a catálise fracassar, pode ser que esse modelo se degenere no cenário D. Porém, se ela continuar funcionando por tempo suficiente, pode ser que ele evolua para o cenário A.

Cenário C — Estado Eco-ditatorial

Supostamente, esse é o resultado mais sustentável. Nesse cenário, a tecnologia não avançou muito, de maneira que se tem um IDH médio de 0,8 na sociedade com um consumo de 10 mil kwh/capita por ano. A expectativa de vida humana é de cerca de 90 anos e seres híbrido são raros. A tecno-

O FUTURO DO ESTADO

logia agride bastante o ambiente, e tecnologia e recursos espaciais ainda não são usados em grande escala. Entretanto, a distribuição dos recursos e tecnologia é homogênea, de maneira que ninguém tem muito mais acesso aos recursos do que os outros cidadãos.

- Descrição utópica — Nós finalmente atingimos um paradigma sustentável. Todo mundo tem sua parcela de recursos e a natureza não está sendo destruída. Nós podemos manter esse nível de consumo para sempre. Ainda por cima, ninguém ficou para trás e garantimos que todos tivessem o suficiente para viver bem. Talvez não tão bem quanto no começo do século XXI, mas tais níveis de consumo não eram sustentáveis. Agora temos uma sociedade equilibrada internamente e com a natureza. Vivemos em harmonia.

- Descrição distópica — Essa é uma ditadura ecológica. Ninguém pode consumir mais por conta das restrições para garantir a homogeneidade, de maneira que ninguém tem incentivo para ser mais produtivo ou eficiente. Vivemos bem pior do que no começo do século por causa da tecnologia não ter acompanhado o crescimento da população e, assim, temos menos recursos por pessoa. Isso significa que temos restrições de todos os tipos, tais como ter menos filhos, consumir menos e reciclar tudo. Tudo em nome de uma harmonia que não existe.

Nesse caso, o Estado evoluiu para uma ditadura aberta, ou velada, que limita os excessos de consumo para garantir o equilíbrio interno. A limitação de recursos cria um desconforto geral. Todos estão igualmente insatisfeitos e querem mudanças. Esse modelo é, em última análise, instável no longo prazo, e é difícil estimular o crescimento tentando manter o equilíbrio. É possível que esse cenário acabe se degenerando no cenário D.

Cenário D — Estado Policial

Supostamente, esse é o pior cenário. Nele, a tecnologia não avançou muito, de maneira que se tem um IDH médio de 0,8 na sociedade com um consumo de 10 mil kwh/capita por ano. A expectativa de vida humana é de cerca de 90 anos e seres híbridos são raros. A tecnologia agride bastante o ambiente, e tecnologia e recursos espaciais ainda não são usados em grande escala. A sociedade se tornou muito competitiva e os grupos mais poderosos têm um IDH médio de 0,9, enquanto outros têm cerca de 0,7. O desequilíbrio entre esses grupos gera uma competição e uma tensão que precisam ser policiadas.

- Descrição utópica — O sistema premia a eficiência. Nós ficamos sem recursos ao longo do século, de maneira que só os mais eficientes conseguem se desenvolver agora. A escassez força a sociedade a se tornar capaz de administrar seus recursos e, é claro, temos de garantir nossos recursos. Os menos eficientes eventualmente terão menos aceso aos recursos e, no longo prazo, a competição retirará os menos eficientes do sistema, trazendo mais e mais eficiência. A competição é boa no longo prazo pois ela estimula a eficiência.

- Descrição distópica — O sistema é um desastre. Nós ficamos sem recursos ao longo do século e agora estamos brigando pelo que sobrou. Existem diversos desequilíbrios e ineficiências que são mantidas por aqueles que estão no poder para manterem-se no poder. A causa da "competição" é só uma fachada para as oligarquias se manterem no poder. Muitos grupos estão sofrendo e sendo lentamente exterminados. Somente os que estão no poder têm recursos suficientes, e eles podem ser ineficientes enquanto tiverem gente suficiente para lhes servir. O sistema é disfuncional e eventualmente vai colapsar.

Nessa situação, a armadilha Malthusiana se configurou real, e o Estado evoluiu para se transformar em um Estado policial. Para manter à força os benefícios para uma minoria em uma sociedade desigual, o Estado acaba virando ineficiente. Essa também é uma situação instável. A perda de população ou uma melhoria na tecnologia pode fazer esse cenário evoluir para o cenário B.

5.2.1. Trilhas de Migração

A análise dinâmica dos cenários nos permite traçar agora as trilhas de migração entre os cenários, como mostrado na Figura 47.

Pode-se perceber que existem dois circuitos de migração, um entre os cenários B⇔D e outro que leva pelos cenários B⇒A⇒C⇒D. Tais trilhas de migração são hipotéticas e Estados diferentes podem migrar por elas em velocidades diferentes, ou até mesmo evitar tal migração permanecendo em um dos cenários por tempo indeterminado.

Cenários para o Estado no século XXI com trilhas de migração

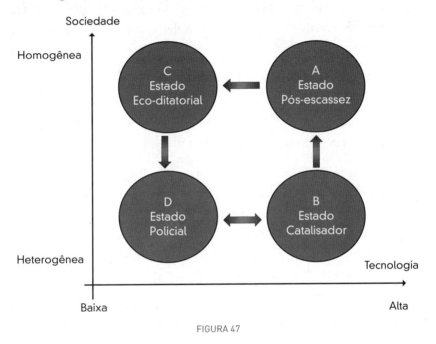

FIGURA 47

Entretanto, o circuito B⇔D lembra os ciclos de Kondratieff, onde as sociedades oscilam entre uma situação de crescimento desequilibrado (B) e de crise generalizada (D). Como consequência, a maior parte dos Estados oscilaria entre essas duas situações ao longo desses ciclos.

Por outro lado, o circuito B⇒A⇒C⇒D lembra mais os ciclos hegemônicos, onde a potência hegemônica e algumas de suas mais diretamente associadas sairiam da posição de um crescimento desequilibrado (B) para atingir a hegemonia com um crescimento equilibrado (A). O problema é que isso não se sustenta na medida em que se cria um sistema rígido para manter o equilíbrio, levando, então, a uma estagnação equilibrada (C) e a uma crise generalizada (D).

O resultado final pode ser uma base para se pensar em como o Estado deve se adaptar ao longo dos quatro atos descritos no item 5.1 e, com isso, permitindo, mais uma vez, concluir que não existe uma forma final ou definitiva de Estado, mas sim uma entidade em coevolução.

Existe mais um ponto importante no cenário energético, que é a contradição entre três objetivos da sociedade brasileira, e mundial, e sua incompatibilidade no nível tecnológico atual. Tais objetivos são:

1. Não controlar o tamanho da população;

2. Preservar o ambiente;

3. Erradicar a pobreza e desenvolver o planeta.

No nível tecnológico atual, só podemos escolher dois dos três objetivos. Se quisermos preservar o ambiente e erradicar a pobreza, a população humana terá de ser controlada e reduzida. Se quisermos não controlar a população e preservar o ambiente, cairemos na armadilha Malthusiana e não erradicaremos a pobreza. Se quisermos não controlar a população e erradicar a pobreza, não preservaremos o ambiente.

Na prática, o limite dos recursos do planeta impõe uma escolha dura para a humanidade em geral e para o Brasil em específico. No momento atual, a humanidade ainda não está querendo controlar a população, mas diversos países começam a reduzir suas taxas de natalidade. Mesmo assim, se todo o planeta se elevar aos níveis de consumo dos países desenvolvidos, a energia será um grande gargalo. A humanidade corre o risco de cair em uma armadilha Malthusiana e só conseguirá escapar dela com novas tecnologias, como as descritas acima.

Tudo isso parece ficção científica atualmente, mas estamos falando de um futuro de longo prazo. E isso nos leva ao último capítulo do livro.

CAPÍTULO 6
CONCLUSÃO

Este livro perpassa a Gestão Pública desde seus fundamentos até seu futuro. Entretanto, creio que vale a pena reforçar quatro pontos-chaves que considero fundamentais.

6.1. PONTOS-CHAVES

6.1.1. O Estado É um Ser em Coevolução

Os Capítulos 2 e 5 têm como objetivo principal deixar essa conclusão clara. Estamos coevoluindo entre grupos humanos desde o surgimento da espécie. Sociedade civil, Estado e mercado forçam um ao outro a evoluírem em um processo que não para e, embora leve ao aumento da complexidade e seja bom no longo prazo, é bastante cruel e impiedoso no curto prazo.

O Estado atual é um ser desequilibrado, buscando novas soluções para problemas antigos e novos e, muitas vezes, preso a soluções que funcionaram no passado e, com o tempo, tornaram-se contraditórias com a realidade.

Não existe um Estado perfeito e definitivo, ele precisa continuar mudando e se adaptando para sobreviver. O preço por se manter imutável é a extinção, como ocorreu com dezenas de Estados ao longo da História humana.

6.1.2. Novos Desafios nos Aguardam no Futuro

Os Capítulos 2, 3, 4 e 5 mostram que existem diversos desafios a serem enfrentados. Alguns, mostrados nos Capítulos 3 e 4, têm soluções mais bem definidas, mas muitos outros ainda são pouco entendidos, e ocorrerão problemas no futuro que nem sabemos descrever ou colocar sob a forma de pergunta. São questões que "nem sabemos formular a dúvida".

Seria uma tolice acreditar que podemos ter respostas prontas para perguntas que nem sabemos formular, e isso faz todas as ideologias e preconcepções da realidade frágeis. Não podemos nos pautar por elas para predefinir respostas.

Educar para o futuro é dar a capacidade de pensar livremente e resolver problemas de forma a estruturar problemas difíceis em questões menores e mais simples. Nada substitui a capacidade de estruturação lógica, raciocínio e pensar livre.

6.1.3. Busque a Sinergia entre o Público e o Privado

Se tende a pensar muito em soluções via setor público contra soluções via setor privado, mas a questão não é essa. As duas instituições coevoluíram justamente por serem complementares em grande parte. O melhor resultado geralmente é obtido quando se pensa nesses dois setores como atuando em conjunto.

O setor público tem uma maior escala, maior tolerância ao risco e pensamento de longo prazo, mas sofre por ser rígido e pouco ágil justamente por ser grande. O setor privado tem uma maior agilidade e flexibilidade que permite que ele seja mais eficaz e eficiente, mas ele sofre por não ter tanta escala, ser avesso ao risco, ter pensamento de curto prazo e ter de sobreviver economicamente.

Na verdade, existe uma grande complementaridade, onde o Estado pode e deve usar o setor privado para executar suas atividades enquanto o sustenta, garantindo sua sobrevivência e aversão ao risco, além de aproveitar sua flexibilidade e agilidade.

CONCLUSÃO

No Brasil, a discussão tem de sair do debate de público versus privado para migrar para o público *com* o privado.

6.1.4. Problemas Diferentes Requerem Soluções Diferentes

Temos a tentação de replicar soluções conhecidas por estarem na nossa zona de conforto, mas a realidade é que problemas diferentes requerem soluções novas e, em geral, diferentes das que conhecemos.

Como o sistema evolui, ele gera problemas novos e precisamos, então, pensar como nunca tínhamos pensado antes, o que é muito incômodo e de resultado incerto, pois, em geral, estamos experimentando algo novo.

Podemos não gostar disso, mas, mais uma vez, vale o alerta de que, se não fizermos isso, corremos o risco de entrar para a história como sendo "negativamente selecionados", isto é, sermos extintos como indivíduos, sociedades e até mesmo espécie.

Nossa espécie enfrentará problemas no próximo século de uma escala e complexidade que nunca foram vistos antes.

REFERÊNCIAS BIBLIOGRÁFICAS

ABU-LUGHOD, JANET L. *Before European Hegemony: The World System A.D. 1250–1350.* New York: Oxford University Press, 1989.

ALVES, P.V.S. Gestão Pública como fonte de competitividade nacional: um estudo da evidência latino-americana no século XX. *in* MOTTA, PAULO ROBERTO et al. *Novas idéias em administração 2.* Rio de Janeiro: Editora FGV, 2008.

_____. O planejamento estratégico e a segurança. *in* GORIZ, GUSTAVO. *Segurança pública: um desafio de todos.* Buenos Aires: TAEDA, 2009.

_____. O Estado como uma tecnologia: uma visão da evolução do Estado por meio da coopeticão e dos ciclos de hegemonia e tecnologia. *Revista MADE*, vol. 14, no. 3, p. 9–27, 2010.

_____. Organismos em coevolução: como empresas e seres vivos se comparam? *Revista DOM*, vol. 5, no. 15, p. 86–92, 2011.

_____. Saber planejador: o desenho do futuro. *HSM Management*, vol. 3, no. 92, p. 66–72, maio–junho de 2012.

_____. Contradições de um século em quatro atos. *Revista DOM*, vol. 7, no. 19, p. 45–51, novembro de 2012–fevereiro de 2013.

_____. *Emerging Markets Report.* Disponível em: <https://docs.google.com/forms/d/162xxZz0cG1HtsH4vQU-LSa-1VAV9fgL1RPDLSnuInkg/viewform>. Acesso em 2014.

ARISTÓTELES. *A política.* São Paulo: Ícone, 2007.

ARRIGHI, GIOVANNI, O longo século XX: dinheiro, poder e as origens de nosso tempo. *Rio de Janeiro: Contraponto*; São Paulo: Editora UNESP, 1996.

ARRIGHI, GIOVANNI *et al.* Geopolítica e altas finanças. *in* ARRIGHI, GIOVANNI; SILVER, BEVERLY J. (ed.). Caos e governabilidade no moderno sistema mundial. *Rio de Janeiro: Contraponto*; Editora UFRJ, 2001.

BECKER, GARY. Crime and Punishment: an Economic Approach. *The Journal of Political Economy*, vol. 76, p. 169–217, 1968.

BEHN, ROBERT D. Why measure performance? Differente purposes require different measures. *Public administration review*, vol. 63, no. 5, p. 586–606, setembro–outubro de 2003.

BERTALANFFY, LUDWIG VON. *General Systems Theory*. New York: George Brazilier, 2001.

BHAT, V. Health systems performance: a statewide analysis. *Health care finance*, vol. 29, no. 4, p. 77–86, verão de 2003.

BOLTON, PATRICK; DEWATRIPONT, MATHIAS. *Contract Theory*. Boston: MIT Press, 2004.

BOZEMAN, B.; PANDAY, S.K. Public mangement decision making: effects of decision content. *Public administration review*, vol. 64, no. 5, p. 553–565, setembro–outubro de 2004.

BOYTE, HARRY C. Reframing democracy: governance, civic agency and politics. *Public Administration Review*, vol. 65, no. 5, p. 536–546, setembro–outubro de 2005.

BRAUDEL, FERNAND. *On history*. Chicago: University of Chicago Press, 1980.

_____. *A history of civilizations*. New York: Penguin Books, 1993.

BURRELL, GIBSON; MORGAN, GARETH. *Sociological Paradigms and Organizational Analysis*. Burlington: Ashgate Publishing, 2005.

CASTELLS, MANUEL. *The information age: economy, society and culture* — Volume I — The rise of the network society. Oxford: Blackwell Publishers Ltd, 2000.

CLAUSEWITZ, KARL VON. *On war*. London: Penguin Books, 1968.

COGGBURN, JERRELL D.; SCHNEIDER, SAUNDRA K. The Quality of Management and Government Performance: an Empirical Analysis of American States. *Public Administration Review*, vol. 63, no. 2, p. 206–213, março–abril de 2003.

COGGBURN, JERRELL D.; SCHNEIDER, SAUNDRA K. The relationship between State government performance and State quality of life. *International journal of public administration*, vol. 26, no. 12, p. 1337–1354, 2003.

REFERÊNCIAS BIBLIOGRÁFICAS

CORMAN, HOPE; **MOÇAM, H NACI.** A time series analysis of crime, deterrence, and drug abuse in New York City. *The American Economic Journal*, vol. 90, no. 3, p. 584–604, junho de 2000.

DAHL, ROBERT A. *Poliarquia.* São Paulo: EDUSP, 1997.

DER HEIJDEN, KEES VAN. *Scenarios: the art of strategic conversation.* New York: John Wiley and Sons, 1996.

FARRINGTON, DAVID P.; **WELSH, BRANDON C.** *Effects of improved street lightning on crime: a systematic review.* Home Office Research, Development and Statistics Directorate, agosto de 2002.

FISCHER, D. H. *The great wave: price revolutions and the rhythm of history.* Oxford: Oxford University Press, 1996.

FREEMAN, CHRISTOPHER; PEREZ, CARLOTA. Structural crises of adjustment, business cycles and investment behavior. *in* DOSI, GIOVANI et al. (ed.). *Technical Change and Economic Theory.* London: Pinter Publisher's Limited, 1988.

FRIEDMAN, MILTON. *Capitalism and Freedom.* Chicago: University of Chicago Press, 2002.

GADJA-LUPKE, OLGA. Performance measure methods in public sector. *Poznan university of economics review*, vol. 9, no. 1, p. 67–88, 2009.

GRUEBER, MARTIN. *R&D magazine.* Disponível em: <http://www.rdmag.com/Featured-Articles/2011/12/2012-Global-RD-Funding-Forecast--RD-Spending-Growth-Continues-While-Globalization-Accelerates/>. Dezembro de 2011.

HAYEK, F.A. *The road to serfdom.* Chicago: University of Chicago Press, 1994.

HOBBES, THOMAS. *The Leviathan.* New York: Prometheus Books,1988.

HOFSTEDE, GEERT. Culture and organizations. *International studies of man & organizations*, vol. 10, no. 4, p. 15–41, 1981.

IISS. *The military balance 2010.* London: Routledge, 2010.

KAPLAN, ROBERT S.; **NORTON, DAVID P.** *Strategy maps: converting intangible assets into tangible outcomes.* Boston: Harvard Business Press, 2004.

KEEGAN, JOHN. *A history of warfare.* New York: Alfred A Knopf Inc., 1994.

KENNEDY, PAUL. *The rise and fall of the great powers.* Glasgow: Fontana Press, 1989.

KERZNER, HAROLD. *Gestão de projetos: as melhores práticas.* Porto Alegre: Bookman, 2006.

KONG, DONGSUNG. Performance-based budgeting: the US experience. *Public organization review*, vol. 5, p. 91–107, 2005.

LANDES, DAVID S. *Riqueza e a pobreza das nações.* Rio de Janeiro: Elsevier, 2003.

LEVATHES, LOUISE. *When China Ruled the Seas.* Oxford: Oxford University Press, 1996.

LEVITT, STEVEN D. Using electoral cycles in police hiring to estimate the effect of police in crime. *The American Economic Review*, vol. 87, no. 3, p. 270–290, junho de 1997.

LEVITT, STEVEN D. Understanding why crime fell in the 1990s: four factors that explain the decline and six that do not. *Journal of Economic Perspectives*, vol. 18, no. 1, p. 163–190, inverno de 2004.

MAINWARING, SCOTT; TORCAL, MARIANO. Teoria e institucionalização dos sistemas partidários após a terceira onda de democratização. *Opinião Pública*, vol. 11, no. 2, p. 249–286, outubro de 2005.

MAINWARING, SCOTT et al. Classifying political regimes in Latin America, 1945–1999. *Studies in Comparative International Development*, vol. 36, no. 1, p. 37–65, primavera de 2001.

MAHAN, ALFRED T. *The influence of sea power upon history: 1660–1783.* New York: Dover, 1987.

MARX, KARL. *Capital: volume 1.* London: Penguin Books, 1991.

MIZALA, ALEJANDRA; ROMAGUERA, PILAR. School performance and choice: the Chilean experience. *Journal of Human Resources*, vol. 35, no. 2, p. 392–417, primavera de 2000.

MODELSKI, GEORGE. *World Cities: -3000 to 2000.* Washingron DC: FAROS 2000, 2003.

MODELSKI, GEORGE. Long-term trends in world politics. *Journal of World System Research*, vol. 11, no. 2, p. 195–206, dezembro de 2005.

MONTESQUIEU, BARON DE. *The Spirit of the Laws.* New York: Hafner Publishing Co, 1949.

MULLEN, PATRICK R. Performance-based budgeting: the contribution of the program assessment rating tool. *Public Budgeting and Finance*, p. 79–88, inverno de 2006.

NORTH, DOUGLASS C. *Institutions, institutional change and economic performance.* Cambridge: Cambridge University Press, 1990.

REFERÊNCIAS BIBLIOGRÁFICAS

NORTH, DOUGLASS C.; THOMAS, ROBERT PAUL. *The rise of the western World: a new economic history.* New York: Cambridge University Press, 1993.

ORDESHOOK, PETER C. *Game theory and Political Theory.* New York: Cambridge University Press, 1986.

PLATO. *The Republic.* New York: prometheus books, 1986.

POTOSKI, MATTHEW; PRAKASH, ASEEM. The Regulation Dilemma: Cooperation and Conflict in Environmental Governance. *Public Administration Review*, Vol. 64, no. 2, p. 152–163, Mach–April 2004.

REDDICK, CHRISTOPHER. Testing rival theories of budgetary decison--making in US states. *Financial Accountability & Management.* Vol. 19, no. 4, p. 315–339, November 2003.

RIBEIRO, DARCY. *O processo civilizatório.* São Paulo: Círculo do livro, 1978.

RINGLAND, GILL. *Scenario Planning: Managing for the Future*; New York: John Wiley & Sons, 1998.

ROUSSEAU. J.J. *O Contrato Social.* São Paulo: Martins Fontes, 1999.

SCHUMPETER, JOSEPH A. *The Theory of Economic Development.* London: Transaction Publishers, 2007.

SIPRI. Trends in world military expenditure, HYPERLINK "http://books.sipri. org/product_info?c_product_id=458" http://books.sipri.org/product_ info?c_product_id=458#, 2012.

SMITH, ADAM. *Wealth of Nations.* New York: Prometheus books, 1991.

SMITH, PETER C. Performamce Measurement in Health care: History Challenges and prospects. *Public Money and Management.* Vol. 25, no. 4, p. 213–220, August 2005.

THOMAS, HOWARD. *Decision Theory and the Manager.* London: Pitman Publishing co., 1972.

TILLY, CHARLES. *Coercion, Capital and the European States.* London: Blackwell, 1992.

ZOVATTO, DANIEL. Financiamento dos partidos e campanhas eleitorais na América Latina: uma análise comparada. *Opinião Pública.* Vol. 11, no. 2, p. 287–336, outubro de 2005.

ÍNDICE

A

Abu-Lughod, 68, 69
Acordo de Nível de Serviço (ANS), 131
Adão cromossomial, 61
administração pública, xi, 10, 11, 23, 86, 97, 101, 111, 121
Administração Pública, xi, xiii, 4
Adventurers of London, 79
advocacy, 48
África Subsaariana, 60, 71, 76
Alves, 71, 77, 81, 97, 104, 143
América do Sul, 60, 84, 175, 180
Amish dos EUA, 27
anarquia, 27
antiga muralha de Jericó, 19
Antropologia, 5
    antropólogos, 7
Aristóteles, 19, 647

B

Barreiras
    de saída, 31
    de entrada, 29, 152
Becker, 12
biologia, 10, 16
    biotecnologia, 94, 108, 176
Bloco
    de infraestrutura, 35
    de serviços essenciais, 35
    do desenvolvimento, 36
    fundamental, 3
Brasil, xiv, 26, 45, 101, 150, 188
Braudel, 71, 72
Build-Operate-Transfer, 102, 131
burguesia, 80
Burocracia, xiii, 3, 14, 21, 43, 65, 110
Burrel e Morgan, 97

C

caçadores-coletores, 5
Canal do Panamá, 169
capital de risco, 136
Capitalismo de Estado, 26, 90, 91
capitalismo moderno, 59, 67, 71
captura do Estado, 14, 28
Casa Civil, 35, 103, 128, 130
Castells, 57, 75
centralidade do Estado, 21
CHA
    conhecimento 50
    habilidade 50

    atitude 50
China, 8, 22, 59, 60, 108, 200
    Xangai, 22
ciclo de Kondratieff, 81, 90, 104, 163,
ciclos hegemônicos, 60, 178, 187
cidade-estado, 63
código de Hammurabi, 19
coevolução, xiii, 15, 61, 80, 104, 173,
    continua, 57
colapso total, 59
Companhia das Índias
    Ocidentais, 79
    Orientais, 79
Complete Situation Model — CSM, 118
conexões políticas, 31
Confiabilidade de institutos estatísticos, 23
contrato inexequível, 12
Coopetição, 6, 15, 74, 76, 88, 184
corrupção, 23, 109, 112
crime racional, 12
Cultura
    árabe, 9
    hindu, 8
    Latina, 9
    ocidental, 7, 8, 9
    oriental, 8
    chumanas, 7
    organizacionais, 9
curva em "S" de Kaufman, 58
Custo
    de oportunidade, 112, 177
    de transação, 20, 74, 105
    Total de Propriedade, 121

D

Democracia, xiii, 9, 43, 44, 64, 110
Department of Defense (DoD), 135
desenvolvimento tecnológico, 22
dilema do prisioneiro, 16, 17
dinâmica socioeconômica, 81
Dinastia Han, 21, 22, 64, 65
Dinastia Ming, 70, 75
"direita", 24, 25, 26, 28
    Conservadora, 28
ditadura, 9, 25, 28, 46, 70, 185
dominância, 6, 114
Drucker, 86

E

economia mundial, 9
efeito da dama de copas, 16
elevador espacial, 167, 168, 180

GESTÃO PÚBLICA CONTEMPORÂNEA

empresa de capital misto, 101, 131

equilíbrio de Nash, 17

"esquerda", 24, 25, 26
    Liberal, 26

estabelecer hierarquias, 6

Estado
    Burocrático, 82
    Colonial, 68, 76, 77
    Eco-ditatorial, 184
    funcional, 15
    industrialista, 82, 879
    Mercantil, 68, 78
    Moderno, 43, 68, 73, 80
    -Nação, xiii, 4, 59, 67, 92
    Nacionalista, 82, 84, 85

Estados
    Modernos, 19
    -Nação, 74
    pré-colombianos, 76

Estímulos, 11, 13
    ao empreendedorismo, 162

estratégia dominante, 17

F

feedback positivo, 118

Fenômeno
    da coopetição, 6
    da corrupção, 12

Fernand Braudel, 68

Fischer, 20, 62

França, 29, 42, 74, 80

Friedman, 19

função do Estado, 19, 20, 31, 65
    função inicial do Estado, 19
    segunda função, 19, 61
    terceira função do Estado, 21, 63
    quarta função, 21
    quinta função, 22
    de utilidade, 13

G

gargalo, 61, 108, 133, 153, 188

Gastos
    com a administração pública
        (impostos), 23
    com a ordem pública (impostos), 23

geopolítica, 166, 177, 178

Gestão
    Gestão de Projetos, 102, 127, 130
    gestão hierarquizada, 130
    Gestão por Competências, 123
    Gestão Pública, xii, 3, 43, 90, 106
        de Harvard, 47

    como profissão, 4

Governos
    Instáveis, 45
    Radicais, 46

gráfico de Nolan, 26, 29

Guerra, 22, 57, 65, 84, 90, 108, 175
    Civil, 84
    de material, 87
    de transição, 69, 78, 178
    dos Trinta Anos, 69, 70
    Franco-Prussiana, 84
    Fria, 22
    Hispano-Americana, 90
    Revolucionárias, 70

H

Hayek, 19

Hegemonia, xiv, 63, 70, 173, 187

Hobbes, 3, 4, 19, 23

Holanda, 8, 27, 69, 70, 80

Homo erectus, 61

Homo sapiens, 3, 5, 61

Human Enhancement Technologies, 108

I

IBOPE, 149

Idade
    Antiga, 83, 110
    Média, 59, 64, 65, 83, 110

ideologias, 7, 9, 19, 192

imigração em massa, 15

Império
    de Carlos Magno, 73
    Romano, 21, 64, 66, 73, 179
    ano, Gupta e Han, 66
    Sumério, 59

Imposto
    de importação, 11
    de renda, 11, 164
    Sobre Serviços (ISS), 156

incentivo, 17, 131, 162, 176, 185

índice de desenvolvimento humano, 144

indivíduos de uma organização, 9

Indonésia, 9, 72, 143

Infraestrutura, 21, 34, 86, 101, 129, 154
    científica, 23
    de comunicação, 23
    viária, 23

inibição da liberdade, 18

Inovação, 16, 33, 47, 77, 108, 134
    schumpeterianos, 81

Instituições

ÍNDICE

financeiras, 72
governamentais, 8
nacionais, 9
Integradores, 101, 102, 131
inteligências artificiais, 108, 119, 177
intervenção, xiii, 3, 20
do Estado, 20
investimento, 21, 30, 77, 90, 102, 165
Itália fascista, 28

J

Japão, 8, 29, 75, 108
JFK School of Government, 47
jogo da inovação, 16
justiça, 9, 12, 20, 61, 86

K

Kaufman, 57
Kennedy, 68, 75
Kenneth Arrow, 42
Kondratieff, xiv, 60, 80, 107, 173, 187

L

landes, 70, 78, 82
Lei
8.666/93, 102, 119
de Licitações e Contratos, 119
Leigh Van Valen, 16
Levant Company, 79
Liberdade, xiii, 3, 18, 27, 87, 91, 162
extrema, 18
individual, 21, 26
Libertarismo, 27
liderança, 5, 47, 50, 63, 74, 98, 130
limitações cognitivas, 11
lógica comercial, 8
London Company, 79
Luxemburgo, 27

M

Major Economic Cycles, 81
Maldição
maldição de Taylor, 51
maldição do comando, 52
marcas, 7, 30
Markets Report, 143, 197
Mar Mediterrâneo, 72
Marx, 19, 25, 27, 28
mecanismo de evolução, 6
mitologias, 7, 9, 10
mitos contemporâneos, 7

modelo de Kerzner, 103, 128, 130
Modelski, 57, 60, 62, 67, 68, 69, 81
monarquia, 83
monopólios, 33, 151, 152
monopólio estatal, 33
Montesquieu, 19

N

Nação-Estado, 87
nacionalismo, 19, 74, 84, 151, 167
nanotecnologia, 108, 168
natureza caçadora, 6
neuroergonomia, 108, 163, 164, 176
North, 19, 68, 69, 76, 79
Nova Hegemonia, 179
Núcleo
de Uruk, 62
duro, 35

O

Ofensiva do Tet, 88
oligarquias burocráticas, 8
oligopólio, 31, 32, 33, 34, 151, 152
ONGs, 13, 91, 94
órbita geossíncrona terrestre (GEO), 168
Orçamento
Base-Zero, 115
por Resultado, 115
Ordeshook, 161
Organização
cega, 53
industrial, 29
humanas, 7, 15
OTAN, 155, 178

P

Pacto de Varsóvia, 88
paradoxo de Condorcet, 38, 39
parceria público-privada (PPP), 102
Paz da Westphalia, 73, 83
Península Ibérica, 72, 74
período Mesolítico, 59, 61
Pesquisa e Desenvolvimento, 23, 87, 109
planejamento estratégico, 37, 98, 161
Platão, 19
poder judiciário, 9, 73, 156
política pública, 11, 38, 51
Políticas macroeconômicas, 12
potência hegemônica, 179, 187
Primavera Árabe, 91, 110

Private Finance Initiative, 101, 102, 131
produto interno bruto (PIB), 108, 144
Protecionismo, 150, 151, 154

R

recursos humanos, 47, 103
reforma do Estado, xiii, 90, 104, 175
Regulação, 21, 33, 46, 126
    Burocrática, 46
    da moeda, 21
    do Estado, 29
Reichstag, 73
Reino Unido, 8, 28, 46, 69, 70, 80
renascença, 8, 77
República, 64, 65, 82, 83
    Moderna, 82
Results Based Budget — RBB, 115
Revolução
    Cubana, 90
    Francesa, 83
    Industrial, 43, 81, 163
    Tecnológica, 72, 104
Rousseau, 19

S

Sacro Império Romano, 8, 72, 83
Segunda Guerra Mundial, 22
Segunda Guerra Púnica, 65
Segurança pública, 109, 197
Segurança Pública, 12, 32, 106, 150
ser humano, xv, 4, 5, 169
sexuada, 5, 6, 15, 61
Sinergia, 15, 32, 48, 65, 78, 80, 91, 192
Sistema, 4, 11, 21, 77, 104
    estagnado, 59
    flexível, 59, 78
    governamental, 13
    holandês, 78
    Legal, 155
    organizacional, 12
    rígido, 59, 63, 75, 178, 188
    sistema soviético, 89, 91
    sistema tributário, 156
sistemas
    abertos, 4
    de aposentadoria, 105, 107, 176
    de proteção, 15
Skolkovo School of Business, 144

sociedade
    humana, 15, 26, 61
    mais complexas, 6
    primitivas, 6
stakeholders, 13

T

tenure tracks, 125
Teoria
    administrativa, 4
    da complexidade, 58, 68
    da contingência, 4
    da Contingência, 97
    da decisão, 13, 38, 39, 43
    da evolução da biologia, 4
    das agências, 15, 86, 101
    das redes, 57, 63, 67
    da utilidade, 13
    do contrato, 12
    do crime, 12
    dos jogos, 13, 16, 175
Terceirização, 101, 131
termos de Schumpeter, 77
think tanks, 136, 137, 167
Thomas Hobbes, 4
Tilly, 57, 79, 82, 108
Total Cost of Ownership — TCO, 121
tribos artificiais, 6

U

Universalização, 104, 105, 109
URSS, 87, 91
US War College, 49

V

vantagens humanas, 7
venture capital, 136, 137
vouchers, 162

W

Wallerstein, 87
Welfare State, 88
Woodrow Wilson, 86

Z

Zero-Base Budget — ZBB, 115
zona de conforto, 18, 51, 193